· T R A D E R ·

阙又上 著

操盘手

Life is likes a snowball,
the important thing is finding wet snow and a really long hill.

江苏凤凰文艺出版社
JIANGSU PHOENIX LITERATURE AND ART PUBLISHING, LTD

图书在版编目（CIP）数据

操盘手 / 阙又上著. —南京：江苏凤凰文艺出版社，2018.9

ISBN 978-7-5594-2705-2

Ⅰ.①操… Ⅱ.①阙… Ⅲ.①股票交易—基本知识 Ⅳ.①F830.91

中国版本图书馆CIP数据核字（2018）第182719号

原著作名：《华尔街操盘手给年轻人的15堂理财课》
作者：阙又上

书　　名　操盘手
作　　者　阙又上
选题策划　李文峰　郑丽丽
责任编辑　姚　丽
装帧设计　白砚川　刘丽霞
责任监制　刘　巍　江伟明
出版发行　江苏凤凰文艺出版社
出版社地址　南京市中央路165号，邮编：210009
出版社网址　http://www.jswenyi.com
印　　刷　三河市航远印刷有限公司
开　　本　880毫米×1230毫米　1/32
字　　数　170千字
印　　张　8.5
版　　次　2018年9月第1版，2018年9月第1次印刷
标准书号　ISBN 978-7-5594-2705-2
定　　价　59.80元

影视版权抢订热线　13911704013

· T R A D E R ·

前言

难忘E医师的背影

2016年10月，城市上空依然艳阳高照。我在回美国之前，拼命追赶目前一些落后的进度。这次回来，也忙于推广预防医学保健的小餐饮。午后和朋友有约，先到店里了解情况，看到了多日不见的E医师，他刚好来喝果汁。

与E医师的相遇

他曾提到看完了我写的第一本书，希望能付费咨询。我告诉他正确财务规划所需的流程，特别是一开始资料的搜集就是重要的工作，也特地请美国的助理将资料寄给他。不知道是不是要准备的资料太多，还是其他原因，我都快回美国了，还没有收到E医师的财务信息。他现在不抓紧时间，我下次归来，恐怕又是大半年后的事。这次遇上他，我说没忘记他要求的事，但因接着就要北上，今天在两个约会中有一小时的空当，如果可以，就请他整理一下资料，我在某家咖啡厅等他。他欣然允诺，说马上回办公室整理我要的信息。

在咖啡厅的一角，我翻阅他的资料，第一个惊奇是，没想到中国台湾的医师年收入和美国执业医师如此接近。在“全民健康保险”改变的情况下，美国许多医师要维持50万美元的开业收入已经不易，E医师竟有如此收入，说明他的看诊量和投入时间都很多。

我再往下看，随口说出：“你的财务一定有漏洞。”

E医师说：“是的，我犯了两个严重的错误。第一，一处房产在当年利率持续攀升到10%的情况下，因不堪房贷持续上涨的压力而认赔卖出，亏损了1500万元[①]；第二，投资一支股票亏损了1000万元。这两个错误一共造成2500万元的损失！”E医师说他还有几笔短期贷款，目标三年后还清，届时他再贷出来由我管理。

我回答：“你的财务应该还有其他漏洞，要是不能够堵住，我也无法管理这些资金，因为你的心理会特别脆弱，感受不到安全。你会投入全部的精力关注这笔新的投资而失去平常心，无法面对股市的正常波动，如此就很难获利。所以现在我需要知道，你有这么漂亮的营业收入，就算是有2500万元的亏损，财务也不该这么吃紧。我想知道是否还有其他原因造成这么大的资金漏

① 本书提及的货币，除特别标注外，均为台币。1新台币≈0.217人民币。

洞。”基于多年财务诊断的经验和敏感度，我直接挑明问题。

E医师调整了一下姿势，娓娓道来，我安静地听着。他那令人感伤的人生故事，我已经多年没有听过。像他这样年纪和收入的医师，还需要如此拼命，就是因为犯下了两个理财上的错误，对小孩儿的教育方式也有待商榷。他诉说，他每天5点起床运动后，就开始一整天忙碌的工作，我很难想象，在他温文尔雅的举止背后，竟有这么大的无奈。

我在回美国的飞机上，脑海中一再重播那天的对话。我很担心，他这么重的工作负荷和财务资金缺口，可能会让他心力交瘁，同时也担心他在一根蜡烛两头烧的情况下，会先受到折损。

无独有偶，前几天在办公室接到一个咨询，是一个在日本求学获博士学位后移民的女士。她诉说了这两年的丧夫之痛，说如果能够重来，或许会更注意些什么。最后，她从皮包里拿出两本我写的书，请我签名，她说书写得浅显易懂，如果她能早点儿读到，也可避免一些错误。

E医师也犯了两个错误。同样地，如果他能事先阅读这两本书，也许可避免或减少那样的错误，但我继而一想：真的是这样吗？未必，如果教训和经验这么容易获得，就不会有中国人所说的“千金难买早知道”，或更刺耳的说法“不见黄河不死心”。

A医师的故事

对照E医师，我想起多年的客户妇产科A医师，他当年的目标是有了200万美元的储蓄就退休，因为妇产科经常要半夜接生，工作并不轻松。但这几年我已为A医师创造一个获利的分身，也就是他在投资上的被动收入，相当于他职业收入扣掉开支的净所得。

我常告诉A医师：“你现在已达到财务自由（financial freedom），可以吹着口哨上班，也随时可离开工作岗位，尽早退休。”没想到，他觉得现在工作挺愉快的，没有打算尽早退休。早些年嘴上嚷嚷妇产科工作压力大，没想到在达到财务自由、没有后顾之忧的心情下，反而更能享受工作乐趣。

E医师和A医师的年纪相仿，两人的财务状况却有天壤之别。两位医师本性敦厚，工作尽责，都是好医师。但想起E医师的财务压力和面临的挑战，我感触良多。

理财教育若能及早开始……

如果E医师也能像A医师那样懂得正确选择专业人士，或至少通过阅读学习理财基本概念，在孩子的基础教育上有正确的方向和态度，我想情况会大不相同。

E医师的真实故事让我深刻地了解到，人格教育和理财教育越早进行越好，也越能见其功效。本书以我小学时发生在我身上的一些故事作为写作主题，期望和多数关心孩子成长的家长，以及关注理财的年轻人一起分享。

前美国央行主席艾伦·格林斯潘（Alan Greenspan）认为："经济是生活的习惯及体验，因为纠正错误须花上许多时间，所以经济教育要从小教导。"犹太裔投资大亨乔治·索罗斯（George Soros）也说过："经济教育必须从小开始实施，因为错误的经验不会一次就学会。”

犹太人向来关注孩子的理财教育。早年我工作的办公室坐落在犹太人和老中为主的小镇李文斯顿（Livingston）。房东是犹太人，是个非常成功的律师。我近距离观察他们，是有一些感触的。他们落实了经济教育，把它融入生活，而我们很多人还是把知识当作知识。

本书以E医师惨痛的理财故事开始，他可能犯的错误都会在每个主题的故事中出现。接下来，我将以书信方式介绍这15个主题，收信人都是好友和亲人的小孩儿。看着每位父母殷殷期许的举动，我想起了张晓风女士的《念你们的名字》这篇文章，每个孩子都是父母心中的挚爱，恨不能尽其所能为他们扛下重担、承担一切。但是很不幸地，在孩子未来人生的道路上和遇到的挑战中，只有正确的知识、观念和必要的历练，才可以帮助他们克服难关。纵然知道有挑战横逆在前也不用担心，因为知识和正确的观念就是最大的力量。而广义均衡财富观念的建立和狭义金钱理财投资的知识，最好的播种期和灌溉期就在他们还小的此时。

看着这些小天使的脸孔，我脑海里会浮现这样甜蜜亲昵的画面：或你在书店为他们选书，或你在床边为他们阅读和讲解书中的故事。写着写着，我想起了我在天上的女儿，那是一件因利益冲突而误诊丧命的憾事，这段感伤的往事我一直没有动笔。广播名人吴淡如细心又敏锐地在录音室访问我时，我都故意闪躲这段人生憾事。有一天我会把它写出来。每一个人在寻求均衡财富的过程中，避免利益冲突是一个必须坚持的信念，舍此，心灵平和这项财富将永远不会获得。那段故事和提醒就留待以后再说，此刻让我和你一起努力，为这些小天使的成长提供正确观念的养分，让他们更茁壮，更能面对未来的挑战。

最后让大家一起探讨，我们的人生如何避免这样的错误。谁说孩子不能参与个案分析和讨论，还有什么比真实故事更有教育性？

在讨论之前，我以故事方式呈现，告诉读者每篇需要知道的理论。理财教育如果只是停在知识阶段，这是不够的，也达不到我的要求。我要的是，知识能转换成实际有用的行为准则，也因故事转换成观念，进而形成信仰，再用以简驭繁的工具达到轻松但有效的理财。最终，我们得以空出双手和时间，去经营和追求人生更值得拥有的均衡财富。因此本书的对象既是孩子，也是大人。

2014年，继路透社发表采访我的文章《无名小子如何击败华尔街》（*How a little known stock picker beat Wall Street*）之后，中国台湾《商业周刊》在隔年大年初二进行专采，文章标题是“台东大叔击败华尔街，连6年赚20%”。文章发表那天，我刚好接受另外一家媒体采访。记者带着当天的周刊，有感触地说：“《商业周刊》的采访都已经透露了你的投资心法，我错过了时间，还有东西能写吗？”我当时心想：投资心法有可能在几页纸里完全披露吗？我思考：自己这几年运气不错、成绩尚可，难道那些财务知识和投资理念就是我全部的心法？

其实不然，我仔细沉淀和思考之后，发现这些投资心法的养成和体悟，其实从小学就开始了，生活的历练让我在投资标的选择、对企业和市场的敏感度以及心理素质上都有较多学习。如果说这几年我的投资成绩还可以，那是小学时期的学习和理财的练习或多或少地为我提供了在投资管理上成长的养分。我希望能够提供当时的学习经验，让大家尽早了解现代人应该拥有的理财技能。

从本书找到理财方法

书的每个主题涵盖了《伊索寓言》的故事或我小时候的理财经历，或是犹太人给孩子的理财教育观念。故事最容易记忆和学习，只要记得这些故事，不但可以保护孩子避免在投资理财中犯下严重错误，如果严格遵照书中故事和建议进行理财，还有机会早日达到财务自由。而这些故事和建议，同样也适用于大人！

我在台东半闭关写书期间，碰到一位老友，问起我最近忙什么。我说在忙理财故事书，同时也提到了E医师的故事。离开她的餐厅时，她追问："你有帮他脱离苦海吗？"我回答："还没有，脱离苦海最起码要有一条绳子或一根棍子这样的基本工具，而且本人还要配合救生员的指导才行。他需要决心和时间来调整。"

当务之急，我可以做的是，让更多人学习不要跌入追求财富的苦海，这样才有条件追求人生的乐活。

财富不能只限于狭义的金钱，而理财投资只要用对方法，就能以简驭繁、有所获得。我曾在许多演讲场合问过听众：截至2014年8月，过去10年的投资会成长1倍，过去20年成长了6倍，过去30年成长了23倍，对这样的投资绩效是否满意？多数听众觉得很满意，但也有来自高雄和台中的帅哥说，20年和30年的绩效都不错，但10年的成绩差了一点儿。

是的，那是因为10年绩效中经历了2008年这场百年罕见的金融海啸，许多人遭到灭顶之灾，而投资还能成长1倍，实属不易。我接着问：上述投资成绩如果每年只需要花你20分钟，还会不满意吗？（我说的投资标的，将在本书中介绍）

理财是现代人生活中必要的，但也不是每个人都会如此热衷财经领域。而本书强调两件重要的事、正确的观念和以简驭繁的管理，所以书中故事依然适用于不喜欢投资但有需要及喜欢理财的两种族群。

一、对喜欢简单的投资者（被动投资管理者）而言：每年花20分钟获取80分的成绩，如上面所述10年1倍、20年6倍、30年23倍的绩效，这个操作同时符合了安全、简单、有效的三个要求，这样的方法适合多数投资者，也是应该具备的基本技能。

二、对于特别渴望学习且个性也适合的投资者（主动投资管理者）：目标超越大盘、扩大战果的主动投资方式，对某些人确实很适合。这类主动投资者最需要注意的几个观念和重点也会在书中呈现。容我再次强调，好的投资观念不必多，特别是“核心”观念，由它来打底和贯穿，不但事半功倍，接下来所学的技巧也能在一个扎实的基础上有效发展。

多年的经验告诉我，客户理财投资失败，80%的错误原因可在本书15个主题探讨的观念中找到。虽然许多人对这15个故事或已知晓，但依然不停地犯错，说明这些观念还没有变成信仰，这也是本书再度强调这些重要观念的用意。诚如股神沃伦·巴菲特（Warren Edward Buffett）所言：“只要能避免犯下大错，投资人需要做对的事情就可以非常少。”所以不要轻视这些看似简单的观念，因为大道至简，请用心和多次阅读，让你认同的观念进入你的血液、融入骨髓，才能成为你操盘时自然合一、发挥起来毫无挂碍的力量。

在我看来，只要通过书中故事掌握对的方法、对的方向，追求钱财就变得相对简单。反而是拥有“均衡人生的5个球”[①]（5个球分别是工作、健康、家庭、朋友和心灵）需要较多关注，“学习”和“追求”才是我写本书的主要目的！多年来，我们的学校教育偏重在片段知识的获得、如何考高分，却未必是和我们人生息息相关的各种生活教育。

---

① “均衡人生的5个球”，出自可口可乐某子公司前总裁布莱恩·戴森（Brian Dyson）1996年于乔治亚理工学院毕业典礼上的致辞。他说：“想象人生是一场在空中不停抛接5个球的游戏，这5个球分别是工作、健康、家庭、朋友以及心灵，你不能让任何一个球落地。你很快会发现，工作是一个橡皮球，如果它掉下来，就会弹回去。而其他4个球是玻璃做的，如果失手，它们会有无法挽回的刻痕、损坏，甚至破碎，将不再和以前一样。”每个人都要了解这个道理，从而在人生中设法求得平衡。但怎样才做得到呢？布莱恩列举了13个方法和提醒，请参考我的第一本书《每年10分钟，让你的薪水变活钱》中给朋友的10封信中的互动和分享。

培养正确观念

财富是什么？不同年纪、不同人生阅历的人，会有不同的答案。曾有新闻报道指出，一所明星高中的一位学生，经常熬夜拼功课，考上了一流大学，却被诊断出有严重肝病，人生瞬间从彩色变黑白。那名学生知道诊断结果的那一天，坐在摩托车后面抱着妈妈痛哭，这画面真的令人很不舍。

同样的问题，问问苹果公司创办人，现已在天堂的史蒂夫·乔布斯（Steven Jobs），他的答案不也很清楚吗？我们有多重视教导孩子正确的饮食生活习惯，我们有多重视自己的养生呢？

谁说孩子的教育不能触及广义人生财富的引导？毕竟成功的投资和成功的人生背后的道理是相通的，这也是本书有些地方着墨论述广义人生财富的主因。本书特别重视观念的建立，而不是技巧上有关“术”的学习，那部分在正确观念的基础上是很容易水到渠成的第二阶段。记住了书上的故事，就容易记忆那些观念，不管故事来自何方。

我在近30年的投资管理生涯中，碰到过许多聪明优秀或世界名校的人才，他们投资失败，不是因为数学知识或智商出了问题，而是被错误的认知误导。正确的观念为什么重要？一如广告所说："钻石恒久远，一颗永流传！"

E医师教了我们什么？

本杰明·富兰克林（Benjamin Franklin）有句名言："智者从别人的失败中学到经验，愚者仅能从自己的失败中记取教训。"本书利用大量的故事，让我们能从别人的错误经验中学习，成为智者，但想表现的效果和电影的拍摄不同。李安的《断背山》拿下了奥斯卡金像奖。他说，每个人心里都有一座断背山，但他不愿明说，一如《少年派的奇幻漂流》，每部电影他都只是引领，剩下的就是让观众去遐想。

这本书当然也有我想要强烈表达的成功理财所应具

备的观念，毕竟投资理财有一定的专业要素。最后一篇的回顾，就是和读者相互确认，我们是否同步在成功理财的主轴上发展，在众多故事和信息后面掌握书的主旋律。多次被提起和重复出现的内容，以及能够扭转E医师失败的做法和观念，这些都值得你多加关注！

而E医师的故事刚好给了我们一个实例个案来做探讨。一个家庭能够培养出像E医师这样的人何其不易，他有别人极为钦羡的职业和专业，却在投资理财陷阱中付出这么大的代价。望着他那天离去的背影，我想，如果周遭的故事能够让其他人找到更正确的方向，那么我在美国东海岸和中国台东闭关书写，就有收获了。

这本书献给我成长过程中帮助过我的每一个人，许多人已在眼前消失，只能在记忆中感谢，包括我已经过世的亲人、教导过我的老师、一起成长的兄弟姊妹和同学，以及搬离而不知散居何处的老邻居和亲友。

人生的每一段相逢都有它的缘分和美意，一如因本书而认识了你！

T R A D E R

目录

Life is likes a snowball,
the important thing is finding wet snow and a really long hill.

01

理财要分身有术

许多人的投资理财都是比较随性和随兴的。他们都同意这个观点——一生为钱工作是愚蠢的，但认为钱不重要恐怕也偏离现实，因为金钱对于维持生计是很重要的。我希望未来你学会让钱为你工作，如此才会多一个选项，等待有朝一日可以空出双手自由去做某些事。

子郡：

你看过《西游记》吗？里面的孙悟空可以有许多分身，最多有七十二种变法，但现实生活中除了神，我们本尊和分身都是同一个人。投资理财就不同了，分身是可以被创造的。那么，它重要吗？当然，如果没有财务上的分身，想要达到财务自由是很困难的。

现在人的工作压力大，后浪随时可以让前浪消失，多数人渴望早日获得财务上的自由，不再为五斗米折腰。但渴望归渴望，能拥有尽早退休实力的人并不多。原因可能有以下几个：

一、对创造投资分身的重视程度不够；

二、做法不对或观念偏差；

三、欠缺专业知识；

四、性格使然。

这次只谈第一项。创造一个能为你生财的分身，它不是影星汤姆·克鲁斯的电影《不可能的任务》（Mission Impossible），而是“可能的任务”（mission possible），但前提是要把它当作一项重要任务或理财上的宗旨。因为有了这样的认知，理财的方向及生活上的价值观和步调才可能有所调整。

老师交代的新任务、大挑战

我从小就对理财有深刻体悟和认识，我会理财，其实是环境所迫。我小学五年级时，开始有所谓的说话课，也就是每位同学上台说故事，目的是要训练大家的表达能力。当时的资源很缺乏，印象中，那时台东的社教馆要借本书都要查阅图书卡。这一方面是因为不知道哪些书籍适合小朋友阅读，另一方面是因为社教馆的藏书有限。由于需要查阅卡片去借书籍，大家兴致缺缺。

少了阅读的来源，班上同学的说话课就上得零零落落。于是，老师给我这个班长一个任务，就是由班上同学乐捐去购买各国的童话故事，成立班级的小小图书馆，作为说话课的教材。

这个用意虽好，同学却很难响应，因为平常老师要求我这个班长维持秩序，不听话的同学，名字会被记下来并受处罚，因此，我这个班长得罪了不少同学，这时再要求大家捐款，谁也不愿意理我。这下子，老师交代的任务面临了极大挑战，再说，同学们也挡不住福利社里美食的诱惑（罗大佑的《童年》这首歌不也提到："福利社里面什么都有，就是口袋里没有半毛钱。"），伸手筹款的工作让我碰到了挫折。

无法完成老师交代的任务，实在让我非常苦恼，害得我那一阵子每天洗澡都要照镜子，自问自答：莫非我长得像猴子，让老师误以为我有孙悟空七十二变的本事？苦恼归苦恼，我开始动脑筋，也不断地观察，想看看有没有什么方法可以完成这个猪八戒都无法完成的任务！

我的第一次创业之旅

那时我很喜欢一本刊物《王子》，印象中是月刊，一本10元台币，相当于我半个月的零用钱，也是我唯一可以大方向母亲伸手要钱买的刊物。那天晚上做完功课，领了10元台币，我兴冲冲地边走边跳，往中华路的书局方向前进。我很喜欢走小巷弄，因为有探险的感觉，一个转弯进入和平街，角落旁的糖果批发店门口聚集了人群，吸引了我的目光。这些聚集的人都有个小铺子，他们会先来这里批发商品，然后放到自己的小铺子上，让客人购买或以抽奖方式进行交易而获利。

突然有个念头闪进我的脑海：我也可以做这种小生意，赚钱买童话书，建立班级的小小图书馆哪！这比伸手跟同学募捐来得有效吧。因为向同学伸手要钱，比向爸妈要钱更痛苦。同学们可以借此机会给我臭脸看，而向爸妈要钱，顶多是被拒绝，不会如此难堪。只有经历那种痛苦的人，才有深刻感觉。一想到能赚钱和脱离苦海，最坏的状况也不过是赔了10元台币，这一期的《王子》杂志我就可以不看了，看旧的，温故知新，总可以吧。一想到风险不过如此，我勇敢且奋力地挤进人群。那晚，我发现了能突破筹款不顺这困境的方法。与其辛苦募款，不如创造一个赚钱的分身来完成老师交代的任务，或许更容易些。我用那笔买书的钱，买了一盒当时最受欢迎的戳戳乐抽奖玩具糖果盒，这也是放学路上洗劫同学口袋零用钱的最佳武器。我开始了我运用最多资金的创业之旅（因为以前的都是没有本钱或低于10元台币的）！

困境中找对方法，事半功倍

因为我的资本不够，第一天只够买一盒。我利用下课时间在同学之间兜售，不过效果还是不理想，因为当班长的我为了维持秩序经常扮黑脸，应该也得罪了不少同学，再加上平常都是管人，亲和度明显不足，那时就特别羡慕既可以把班上秩序维持好，又可以和同学打成一片的班长。不过碰到了困难，还是得想办法，于是我交给副班长（是一个甜美可爱的女生），由她负责每节下课到每个同学面前兜售一遍。果然，一天下来，成果惊人，竟有两倍的利润，也就是说，卖完一盒糖果的利润可以买两本童话故事书。

为了阻止同学放学后往校外糖果店去，我开始让产品多元化，添购不同花样的抽奖玩具盒。由于我所选的都是当时流行的产品，再加上甜美的副班长让人很难拒绝，她成了最佳的销售代表。我们的获利几乎每天都可以购买一本童话故事书，一直到教室后面都摆满了，我们才停止这项任务。

没有资源也能创造财富

我说的这个故事，让你想到什么呢？我当时得到的启发是：解决问题、创造财富不一定要靠无限的资源，而是要不停地找寻正确的方法。几乎每件事情都有它的困难之处，当时因为责任心的驱使，逼着我在没有资源的情况下找资源，但也不是一次就成功，我在没有退路又必须完成任务的压力下努力找寻方法，想到可以借助副班长的力量，形成一个团队来完成任务。

在我们周遭的人群或者小团体，就像《西游记》里每一个人所扮演的角色，如果没有副班长这么得力的助手扮演一个“亲善大使”，如果我没有借助她这项优点，纵使方向正确，也欠缺了可以正确执行任务的人选。如果没有班上调皮同学的零用钱来赞助，那么班级的小小图书馆就无法成立了。可以说，每个人都发挥了自己的功能和角色。

那次的经验训练我学会了解决问题，并且不停地去找寻正确的方法，让我明白，即使没有资源或资源有限，也可以用正确的方法借力使力。那次训练，慢慢地让我以后在没有资源援助的情况下，也能找到一个小小的着力点，同时培养了我对事情的观察能力。简单来说，就是在困境中找到突破点，欣赏团队成员的各自能力，进而借助。当然，最重要的就是练就了我不达目标不轻易终止的坚持和企图心，如果没有这样的认知，就很难在困境中一一突破。

同理，绝大多数人很难靠收入致富，如同要靠同学的零用钱成立小小图书馆一样。致富要靠储蓄的资金进行投资。我在美国有一个喜欢的咖啡杯，上面没有任何图案，只有几个字，写着："People at work, money at work."（人可以工作，钱也可以干活。）这句话陪伴我完成了多年来的无数次咨询，它就像投资规划和管理中不可取代的宗旨（mission）。

学会让钱为自己工作

可惜的是，许多人的投资理财都是比较随性和随兴的，如果没有对任务的坚持和重要性的认识，很容易会被一般的理财习惯取代。对多数人而言，长大后关心的是有稳定的薪水和有保障的工作。但我必须说，稳定的工作固然重要，也不能因此认为财务从此获得自由。应该借助这份收入，尽早培养出一个分身，为你创造收入，如同我借助了小小的种子基金，发现同学们的消费习惯，也借助副班长的帮忙，形成一个可以持续获利的自给自足的机制。

同样的道理，在这个网络时代，世界已经变成地球村，以后会有许多优秀人才和你竞争工作机会。许多人误以为在知名大公司工作稳定、升迁有保障，事实上，大公司也要面对来自全球的竞争。知名的柯达公司（Eastman Kodak）曾是道琼工业30的龙头之一，如今已宣布破产。所以，能够提供自己未来财务保障的，不是你工作的公司知名度大小，也不是薪水的高低，而是有没有财务的分身为你持续带来收入！

财富不会是一个狭义的理财。许多人都同意这个观点——一生为钱工作是愚蠢的，但认为钱不重要，恐怕也偏离现实。生活本身比钱更重要，但金钱对于维持生计也是很重要的。我希望未来你学会让钱为你工作，如此才会多一个选项，等待有朝一日可以空出双手自由去做某些事。

小辞典

投资分身

人可以工作，钱也可以工作。

人可以因为工作而得到酬劳或收入。同样地，通过金钱的投资也可以得到收入，例如：购买房地产便可以出租房子；也可以在证券市场投资公司，有些公司每年提供股利分红。股票价格也可能上涨或下跌，如果股价上涨，再加上股利，就可以产生一笔可观的收益。这时候就算不工作，金钱上的投资也仿佛在帮我们工作一样。

财务自由

所谓“财务自由”，指的是一个人在投资上的被动收入，相当于他职业收入扣除开支后的净所得。这时候就算不工作，也因为通过资金的投资而有一笔相当于工作的收入。一个人有获利的分身时，便不需要再仰赖工作来应付生活开支，这时候就可以说是在财务上自由了。

02

国王要付多少米？

其实，一个财务数字可以让我们学习到很多人生哲理和投资理财的观念，像复利与单利的差别。所以理财是很有趣的，可以学到很多东西。学会理财，对于以后的人生会有很大的帮助！

纭绮：

你在学校最喜欢什么样的功课呢？我小时候其实并不喜欢数学，现在整天跟数字打交道，大概是老天爷要我补修以前的功课吧。慢慢地，我发现，数学也可以很好玩，它的背后有很多有趣的故事，今天就跟你说一个。

棋盘上的米粒

很久以前，古印度有个国王，很喜欢新奇的事物。有一次，全国张贴了告示，如果谁能替国王找到有趣好玩的游戏，就能获得重赏。结果，一名智者发明了西洋棋游戏，让国王非常喜欢。

国王对智者说："你想要什么作为奖赏？"

智者鞠躬并说："能够为陛下服务，这件光荣的事情，对我来说，已经是很好的奖赏了。"

"但是我希望你得到实质的奖赏。"国王严肃地说，"你得选择一个奖赏。"

智者沉默了很久，看着8乘8格总共64格的棋盘，他说："好的，陛下。我有一个要求，第一天请您在棋盘上的第一个方格上赐给我2粒米，第二天在第二个方格赐给我4粒米，第三天在第三个方格赐给我8粒米，第四天在第四格给我16粒米。就这样，每一个格子的米粒数量都是前一天的两倍，直到棋盘上所有格子都放了米为止。"

国王与在场每一个人都很好奇到最后会有多少米粒。

"累积起来的米粒，到最后会有5公斤重吗？"国王心想。

此时，王后对国王轻声说："最简单的方式，就是直接问智者一共需要多少米。"

但国王怎么能够显露出自己有不确定的事呢？在自

尊心作祟下，他大方地对智者说："你的复杂要求我已经允许了。"

这引起大殿里王臣和贵族一阵窃笑，心想，这位人们口中的智者，根本一点儿也不聪明，还嘲笑他所提出的古怪奖赏要求。

第一天只有2粒米，但国王为了表示对这件事情的慎重，要粮仓大臣穿着体面的礼服，把这两粒米放在精致的容器里，献给智者。智者道谢后，就把那2粒米放在棋盘的第一格，第二天也是这样做。到了第二十天，粮仓大臣不见了，换成搬运工人，因为大臣说他捧不动了。你猜第二十天的米有多重？国王曾经的疑问是："最后会有5公斤重的米吗？"粮仓小兵向国王报告，50粒米约1克重，而1公斤有1000克，所以累积到第二十天的米，已经超过100万粒，算起来将近20公斤（1,000,000 ÷ 50 ÷ 1000＝20）重。

到了第三十一天，国王必须给智者21亿粒米，相当于42吨。那天，国王打猎回来，看到皇宫外面一片喧哗，还排列了42辆马车，每辆马车上都载了1吨的米，便质问这些马车要去哪里，粮仓大臣说是要送给智者的米。国王不相信，马上召集皇宫内的顶尖数学家进行计算。他们个个埋头苦算，紧张的气氛弥漫在整个皇宫里，最后惊人的答案出现了。

首席数学家把答案写在纸上，交给了国王。他一看，不可置信地跌落在椅子上，王后也关心地凑了上来，看到答案后，沉默了一会儿，然后对国王说："去请求智者免除你对他的承诺吧！看起来这是目前唯一能够解决的方法。"

所有人都离开之后，独留垂头丧气的国王陷入沉思，不知该如何是好，时醒时睡。直到第二天，更多的马车搬运米的嘈杂声惊醒了他，望着窗外，他叹了一口气，立刻命令人召唤智者进皇宫。

国王对智者说，并不是他不愿意履行承诺，因为就算收集了全国的米也不够支付奖赏。

"确实不够，国王陛下，"智者回答说，"就算是全世界的米也不够！"

于是国王说："我答应了你一件不可能实现的事，

我要做什么样的补偿才能让你觉得满足呢？”

“我从一开始一直都觉得很满足，是国王您自己坚持，是您需要被满足！”智者说，“您满足吗，陛下？”

国王听了很尴尬，但也很有同感，给了智者一个真诚的微笑：“现在，我很满足，而且也了解到，你又为我做了另外一件很棒的事，为我上了宝贵的一课。”

“那么陛下，您说这番话，我觉得自己是真正被奖赏了。”智者说完，深深一鞠躬，离开宫殿。

智者又回到他简单朴实、安静平和的生活，奖赏的问题从此不再被提起。从此之后，国王更有智慧地治理国家，直到最后的日子，他一直保存着那个放了一些米粒的棋盘，随时提醒自己，这是智者曾经给他的教训，那就是骄傲会让人变得愚蠢，即使是国王亦如此。

惊人的复利效应

故事结束了，问你一个问题：为什么国王看了字条的答案，会惊讶得说不出话来呢？全世界的稻作产量高达7亿吨，难道不足以提供最后一天的米量吗？究竟还差多少呢？结果不是差一点点，而是差很多，答案是：全世界需要52万年的产量，才能够满足智者的奖赏！［字条上的答案是：一天2粒米，64格就需要＝18,446,744,073,709,551,616粒米＝368,934,881,474公吨〔18446744073709551616 ÷ 50 ÷ 1000 ÷ 1000〕。］

这个故事是课本中提过的，谈的是复利的观念，但这不是我唯一的目的。你可以从这个故事中学到什么呢？首先要学到复利和单利的差别。复利指的是赚来的报酬还会继续加进来，也就是利滚利的意思。至于单利，则不论付息期间是多久，没有把获利部分再转投资进来，获利都不会再加入本金循环计息，也就是说，计息的本金从期初到期末都是一样的，所以力道就会比较弱。

那么，你知道“5%复利存30年”，意味着什么吗？这相当于银行单利11%，而且时间越长，差别越大。也就是说，如果有人告诉你，他给你11%的投资报酬持续30年，你别高兴，先搞清楚是单利还是复利。如果是单利，其实投资报酬只相当于别人5%的复利投资报酬而已。所以，要特别注意自己得到的酬劳是以单利计算还是以复利计算，这差别很大，要特别小心。

复利中的人生哲理

除此之外，我从这个故事中，还得到以下的启示和验证：

一、满招损，谦受益，骄傲会让人变得愚蠢而且误事。

我的工作是帮人投资理财，经常有机会接触到许多聪明优秀的人才，但我发现，一个人表现得非常骄傲时，通常这个人就会思虑不够周全，往往要付出惨痛的代价。

二、小兵可以立大功，人小也可以志气高。

复利的威力十分惊人，再微小的起点，哪怕是从一粒米开始滚起，利滚利，也会滚出一个惊人的结果。所以，一个人千万不可以小看自己的力量，只要坚持，一步一脚印，也可以走得很远。但是，这个简单却又极具爆炸力的复利成长观念，不仅古代国王和大臣会忽略，经常想着要一夜致富的现代人更是看不上眼，当一口想吃成大胖子时，就要为这个无知付出代价了！

三、勿以恶小而为之，勿以善小而不为。

每天进步一点儿和每天退步一点儿，结果可以是天差地远的。

有一天，在网络上，朋友传来下面的数字计算，就算是向来对复利计算很关心的我，对这个数字表现出来的结果，也不禁吓了一跳，我觉得非常值得拿出来和你一起分享。

1.01365=37.8

1.02365=1377.4

0.99365=0.03

0.98365=0.0006

从数字中你会发现，1.01只比1.0多出0.01而已，但每天多一点儿，复利一年365天，就可以得到37倍。如果愿意再多一点点，变成1.02，同样复利一年365天，会成长到1377倍。很不可思议，对吗?

这个道理就如同巴菲特的好朋友查理·芒格（Charlie Thomas Munger）说过的：“要争取每天睡觉前，都比今天早上刚起来时，聪明一点点。”

同样地，每天退步一点儿，长期下来，也会变成另外一个令人失望的人。从计算来看，1.0退步到0.99，看起来只是退步了0.01，好像微不足道，可是一年365天复利下来，原来的1.0就变成0.03，几乎都没有了。如果退步再多一点儿，由1.0变成0.98，同样一年365天复利下来，1.0就只剩下0.0006，真的什么都没了。所以古人说过，不要因为是一件小善事就不去做。长期做好事，累积下来是很惊人的。同理，也不要因为是一件小小的坏事就敢去做，而且觉得无所谓，坏事长期累积下来，也是可以坏得吓人的!

四、不要贪心和焦虑，要专注在每一天。

朋友传来一段影片，是由印度巨星阿米

尔·汗（Aamir Khan）主演的《摔跤吧，爸爸！》（Dangal），改编自印度摔跤选手玛哈维亚（Mahavir Singh Phogat）的传奇感人故事。这位影星因为演出需要去减肥，他连做几下简单的动作都会气喘如牛，但他告诉自己，每天都要进步一点点，每天只关心今天做的事情。导演本来要按他由年轻变衰老的顺序来拍，最后决定由他现在年老的形象开始拍起。在他只关注每一天的进度、做好每一天的工作、每一天的体力都进步一点儿的情况下，5个月下来，产生了惊人的效果，他恢复了健美的摔跤选手身材。其不可思议的肌肉和美丽的线条，让人看了不禁赞叹。

一个财务数字，也可以让我们学习到很多人生哲理和投资理财的观念，所以理财是很有趣的，可以学到很多东西，你千万不要因为数学计算而讨厌理财。事实上，这当中运用到的数学计算并不多，学会理财，对于以后的人生，可是有很大的帮助噢！

小辞典

复利vs单利

“复利”，就是赚来的报酬再加到原本的本金里，成为新的本金后，本金就变大了，也就是利滚利的意思。

“单利”，则是不论付息期间是多久，没有把获利部分再转投资进来，获利都不会再加入本金循环计息，也就是说，计息的本金从期初到期末都是一样，所以力道就会比较弱。

举例来说，假如你有100万，连续3年的投资报酬都是15%，相当于每年赚15万，3年下来，复利的投资是否就变成145万呢？

答案是错的，那是单利的算法，正确的算法如下：

第一年：100×1.15＝115；

第二年：115×1.15＝132.25；

第三年：132.25×1.15＝152。

可以看出，复利投资152万，比单利投资的145万多出7万。

再看看前面提到的棋盘米粒故事，通过下页图可清楚看出倍数的成长。

在这个8乘8的棋盘格子里，第一天也就是第一个格子放2粒米，第二个格子放4粒米，若每天加倍，也就是每天以复利方式出现，就可以看出它的惊人变化。第十天将会出现1,024粒米，第二十天则为104万粒米。到了第三十天，不是1000万，也不是1亿，而是接近11亿，准确数字为1,073,741,824。难怪国王会睡不着，因为全国的米都不够支付智者的酬劳。

请记住，只要获利方式是很稳定的复利成长，就算资金小，给一段合理的时间，也会滚出一个惊人的财富。

第1天 2	第2天 4	第3天 8	第4天 16	第5天 32	第6天 64	第7天 128	第8天 256
第9天	第10天 1024	第11天	第12天	第13天	第14天	第15天	第16天
第17天	第18天	第19天	第20天 1048576	第21天	第22天	第23天	第24天
第25天	第26天	第27天	第28天	第29天	第30天 近11亿	第31天	第32天
第33天	第34天	第35天	第36天	第37天	第38天	第39天	第40天
第41天	第42天	第43天	第44天	第45天	第46天	第47天	第48天
第49天	第50天	第51天	第52天	第53天	第54天	第55天	第56天
第57天	第58天	第59天	第60天	第61天	第62天	第63天	第64天

03

投资要掌握
孙悟空七十二变法则

你一定听过孙悟空七十二变，他可以变出很多分身。一旦你懂得运用数字“七十二”，就可以发现为什么有钱人想的是这样的方向，而穷人为什么坚持那样的方向了，因为他们所看到的风景不一样。

莘宁：

知道你今年和妈妈去英国聆听了音乐演奏会，你感觉和国内的演奏会有什么不一样吗？有一年，我和你的小表叔全家走访了加拿大落基山脉（Rocky Mountains），其中班夫国家公园（Banff National Park）有落基山脉“王冠明珠”之称。李安导演的电影《断背山》，就是在班夫国家公园西南方的卡那那斯基斯公园（Kananaskis Country）取景的。

当时我们搭船过湖，从一个小镇到另一个城镇，许多人甚至把车子开上船，就像我们平常在电影中看到的，可见船身并不小。在甲板上，你的小表叔冷不防地问我：“叔叔，猪八戒是怎么死的？《西游记》有交代这段吗？”我还在搜索枯肠，他就已经按捺不住地说：“这问题很简单，怎么答不出来呢？猪八戒是笨死的！”咦，简单却答不出来，这不是在暗喻我笨吗？简直是指着和尚骂秃驴。

从“七二法则”看投资报酬

《西游记》中的孙悟空可以有许多分身，他随便拔根毛一吹，就有分身产生。孙悟空七十二变，也可以变出很多分身。“七十二”是一个很神奇的数字，不但孙悟空喜欢，连我这个帮人家理财的管理者也经常要借助这“七二法则”，这是我在美国念研究所时尚不知，一直到参加财务规划师考试才知道的奥秘。如果想要拥有孙悟空的本事，要先了解“七二法则”。接下来，让我告诉你它的神奇之处。

假设你的同学小明、小白和小红的妈妈各有1万元现金，但由于三位妈妈理财知识的多寡以及关心投资的程度不同，她们分别选择了不同的理财工具，得到的报酬分别是1%、3.5%和9%。她们想知道这1万元需要多久才能翻一倍。你能够快速告诉她们答案，并且知道她们所面临的问题和可能犯的错误吗？

小明的妈妈觉得把钱放在银行最安全，于是把赚的钱全都做了定存。在现在这个全球低利率的时代，银行每年给她1%的利息，如果用“七十二”这个数字除以1%的投资报酬，马上就可以得知结果。如果利率不变，小明妈妈在银行的这1万元，要72年才可能成长一倍。

小白的妈妈曾经看过我写的书，懂得借重“中国台湾50”这项投资工具。什么是“中国台湾50”呢？简单地说，它是中国台湾前五十大企业所构成的一档股票指数型基金（ETF）。这个工具过去14年的股利率平均是3.5%，同样用72除以3.5%的报酬率，就可以得到20.5。也就是说，同样是1万元，小白的妈妈只要20年多一点儿就可以翻一倍。因为她懂得借助不同的投资工具，所以要达到相同的投资成果，几乎省下50年的光阴。这里所说的3.5%，指的是股利得到的报酬率，除此之外，还有另一项（可能的）福利或亏损，即所谓的资本利得或利损。

相较于前面两位妈妈，小红的妈妈有一颗更开放的心，她愿意接受国外的信息，使用了美国500家更大的企业所组成的投资工具，也就是我们俗称的“标普500”（代码SPY）。它近百年来的投资报酬约在9%~10%。我们再用“七十二”这个魔术数字来除以9%的投资报酬，你就可以轻易知道，小红的妈妈只要8年就能将1万元翻倍。虽然都是1万元翻成一倍，但因为投资报酬的不同，用“七二法则”来检验，小红妈妈的8年比小明妈妈的72年或小白妈妈的21年，时间上节省了很多。

很明显地，小明妈妈的投资报酬最差。如果是短期急用的钱，放在银行是可行的，但中长期的资金就不应该放在银行。为什么呢？有几个原因，我先简单告诉你，等你长大再详细讲解。

一、钱存在银行，购买力就不见了。

因为东西会越来越贵，我们将物价上涨的比例称为“物价膨胀率”或“通货膨胀率”（最近5年每年约1.2%，最近20年平均1.26%，最高为最近25年，达1.77%）。小明妈妈的理财显然不及格，套用你们常说的话，用膝盖想也知道，因为银行只给1%的利息，物价却每年上涨近2%，收入少，支出多，当然会出问题。

二、人在辛苦工作，钱却在轻松睡觉。

小明妈妈的1万元要在银行呼呼大睡72年才能够翻一倍，比起其他人，这放在银行的钱也太偷懒了，所以应该要增加理财的知识。小明妈妈这个做主人的必须先改变观念，想办法让钱也和自己一样辛苦工作。

三、理财没做好，要注意“温水煮青蛙”效应。

如果购买力每年减损2%，并不会有很大的感觉。但20年下来，购买力就减损了33%。小明的妈妈发现这个问题的严重性时，就可能像温水煮熟了的青蛙一样，知道的时候已经没有反应的能力了！所以小明和妈妈都应该买书来阅读，并和真正明白的朋友交流，或向专家请教。

四、错选投资工具，就会耽误目标的达成。

小明再过8年就要上大学了，但72年的等待期实在太长了。银行是储蓄的地方，而不是投资的场所，工具选择错误，会阻碍理财目标的达成。就像台北到高雄，不选择搭车，却用走路，到达目的地时已经严重迟到，缓不救急。

看到这里，是不是觉得“七十二”这个数字非常神奇？从“七二法则”的分析就可以知道每个家庭理财投资的报酬是否正常，而阅读得到的知识可以帮助你获得财富，这是不是一件很有趣的事？就像俗话说的，“知识就是力量”，知识也是一种财富。如果你不相信，可以用“七二法则”再延伸出一个更宽广的视野，因为一旦你了解它的差异，就会知道应该选择什么样的方向了。

巴菲特的投资策略

巴菲特是非常受大家肯定和尊敬的成功投资者，他在2017年时已经86岁。一般投资者都很害怕投资股市产生的波动，但巴菲特有一套方法，更重要的是，他很清楚自己追求的目标。他曾说，为了赚取15%的投资报酬，宁可忍受追求过程的颠簸和不适，也不要稳稳当当地追求10%的获利。为什么他的看法和一般人不一样？这是因为背后的结果引领他看问题时有不同的视野。

现在将“七十二”这个数字加以活用，看看巴菲特和小明妈妈的投资差距究竟是多少。巴菲特曾经成立一家公司，他在1965年至2016年这52年当中，交出了年复利20.8%的成绩。也就是说，他的财富每年以20.8%的速度在成长，相当于每3.46年就翻一倍（72÷20.8=3.46），这52年当中，一共翻了大约15次（52÷3.46≈15），他的实际成绩成长了19725倍。对比刚才谈到美国“标普500”的9%的报酬，再与小明妈妈放在银行的定期存款的2%来比较，这个累计报酬就会变成19725倍对127倍和3.7倍。这三者的差距相当大，因为如果小明妈妈的投资报酬是1%，那么她要36年（72÷2=36）才可以翻一倍。所以在这52年之中，她翻倍不到2次，资产也仅成长不到4倍。

也就是说，同样以1万元来比较，巴菲特的现金会变成1亿9000万元，小红妈妈在美国“标普500”的投资结果是127万元，而小明妈妈放在利率1%的银行定存只有17000元，若银行能给到2%利率，也才37000元。

“七二法则”告诉了我们这么惊人的差距，这也是巴菲特知道自己为什么要追求15%投资报酬的重要性，他很笃定地朝着那个目标迈进。一旦你懂得用孙悟空“七二法则”，就可以发现为什么有钱人想的是这样的方向，而穷人为什么坚持那样的方向了，因为他们所看到的风景不一样。孙悟空这个“七二法则”，给我们提供了一个看事情的不同角度，所以你要清楚自己的投资目标，谨慎选择适合的投资工具。

但是你也要注意，巴菲特是全世界难得一见的投资奇才，一般人很难与他的投资成绩相比。我们可以学习他的优点，但不要给自己定这么高的期望标准。倒是小红妈妈9%左右的投资报酬，是有机会达到也是比较可行的期望，以后再教你用简单的方法达到这样的目标。

想知道投资何时翻倍，就要运用“七二法则”算出，所谓的“七二”，就是把72当分子，报酬率当分母，得到的结果就是“翻倍需要的年数”。接着，直接用例题算给你看。

一、如果报酬率是10%，大概要7.2年翻倍。

算法：72÷10=7.2

二、如果报酬率是3%，这很像2016年中国台湾“劳保与退抚基金”的操盘绩效，需要24年才能翻倍。投资绩效太低，是中国台湾退抚基金的重大问题。

算法：72÷3=24

三、如果是2017年的中国台湾银行定存，报酬率是1%，需要72年才能翻倍。钱放在银行其实是亏损的，因为跟不上物价膨胀，购买力不断流失中！

算法：72÷1=72

小辞典

指数型基金

先来了解什么是“指数型”，再了解什么是“基金”。举例来说，你很喜欢吃美食，有一种指数是追踪所有餐饮业的股价表现，市场可依不同的产业、不同的投资策略和不同的地区发展出无数的指标。例如针对医药业、高科技、餐饮业，把这些公司组合起来，就可以形成一种指标，如全球餐饮公司的指标，投资者如果觉得餐饮业是他心目中最有潜力的产业，就会考虑这样的指数基金。

如同有些人喜欢投资新兴国家，觉得发展潜力大，那么市场上也有所谓的新兴国家指数基金，来吸引这些投资者。

至于基金，则是大家把钱凑在一起，就算是小钱也可以发挥风险分散和较大的力量，就像英文所说的pool（游泳池集中的概念）。有共同目标的人把钱凑在一起去投资，同时接受主管单位的管理和监督，这样的账户基金就称作“共同基金”。但如果是几个人凑在一起的钱却没有政府监管，则只能称为投资俱乐部。

“指数型基金”属于被动型基金，它的目标不在于战胜大盘，而是与大盘趋近一致，其交易方式与一般共同基金交易流程相同，同样是每天结算一次净值，可采取单笔投资或定期定额购买。

既然有“被动型基金”，就一定会有“主动型基金”。“主动型基金”由基金经理人操作，追求超越大盘的绩效，所以操作此基金的经理人就变得非常重要，他可以随着自己的喜好重压个股，但也因此需要支付更多的管理费，而波动也会较“被动型基金”大。

ETF

了解了“指数型基金”后，有人会想问它与ETF有什么不同。ETF又称为“指数股票型基金”，它与“指数型基金”最大的不同在于，“指数型基金”一般是向银行、券商、投信购买，但ETF就像一般投资人购买股票一样，可以向券商下单，但它的买卖场所为集中市场，也就是股市。ETF的英文全名是Exchange Traded Fund，从字面意义可以清楚看出，是指在证券交易所也就是股市交易的基金，它的交易平台不是银行或信托公司，简单地说，它的本质还是共同基金的形态，但交易的行为像股票。

中国台湾最大的“指数型基金”为“卓越50”，全称为“元大宝来中国台湾卓越50基金”。从名字可以判断，它就是投资中国台湾前五十大公司的股票，包括大家所熟知的公司，如台积电、大立光、统一等（详细名单、个股分配权重可至证交所网页浏览）。中国台湾上市公司有几百家，但这50档股票占了中国台湾上市公司市值的60%以上，与大盘的联动性相当高。

那应该投资“指数型基金”还是ETF？其实，两者各有优点，但从简单有效来考量，ETF的管理费低，可优先考虑。以下是针对ETF投资的建议：

· 若投资中国台湾，首选是“卓越50”，代码为0050。

· 若投资美国，优先考虑“标普500”，代码为SPY。

· 若投资全球，可考虑先锋全球指数基金，代码VT。

资本利得、资本利损

在投资交易中，卖出和买入的价格差如果是获利，则为“资本利得”，亏损就是“资本利损”。例如，麦当劳以每股20元买入，30元卖出，中间的10元获利就称为“资本利得”。

04

实际参与远胜理论学习

因为从小就有做生意的机会和训练，我对商业活动有了敏锐的观察力，以至于今天能够在投资领域继续茁壮成长。当年的这些历练没想到有这么大助益，这真的有点儿像苹果公司创办人乔布斯说过的："回顾过往，你才会发现生命里的点点滴滴是如何串联，进而产生意义。"

楷扉：

你到过台东吗？看过奶奶和我小时候住的房子吗？当年我们在中山路和文化街的转角有个小小的店面，后面是日式的房子，还有个院子。里头住了好几户人家，店面是所谓的三角摊，位置显眼，很适合当店面，卖的是烟酒，院子则作为小小养鸡场，你的外曾祖父还取名为“大生养鸡场”。

小时候，家里的收入就只能仰赖担任军职的父亲，这样的薪水要养活一家六口并不容易，勉强借了点儿钱做小生意，因为请不起员工，就大家一起动员。家里的每位成员都要帮忙做家事和照顾生意，所以我从小对于烟酒的零售买卖和养鸡生意一点儿也不陌生。

当时很羡慕附近做生意的邻居都能够雇请员工，现在回想起来，才发现我这是因祸得福，是迟来的福气。因为从小就有做生意的机会和训练，我对商业活动有了敏锐的观察力，以至于今天能够在投资领域继续茁壮成长。没想到当年的这些历练对我有这么大助益，这真的有点儿像苹果公司创办人乔布斯说过的："回顾过往，你才会发现生命里的点点滴滴是如何串联，进而产生意义。"

小店的存货考量难精准

我们的小店资本额很小，碰到一些活动时，烟、酒、汽水饮料的需求量就会增加，但事先无法预知销售量，如果存量太多，有可能因为没能及时卖出而使物品过期，遭受损失。

可是，如果货品存量不够，客人买不到，转而向别家商店购买，我们也会错失赚钱的机会。所以，向别人借钱来增加资本的优点就是，可以买较多货品存放，避免错失销售机会。不过，这样至少有两个缺点立刻显现：第一，借钱需要利息成本；第二，香烟有时效性，处理不当而受潮或过期，损失会很惨重，甚至可能远超过所能获取的极微薄的利润。那么该怎么办呢？

我们常说，成功的人找方法，失败的人找借口。每个人都有他的优势，我当时就靠着一辆自行车解决了存货的问题。所以，希望你以后碰到困难时，也能够先静下来，想一想自己有哪些优点可以解决问题。

自行车补货学

在我们小时候住的这种乡下城镇、人口不多的地方，通常都有较大的活动空间，而这正给了我们调皮好动的机会和条件。我小学一二年级时就已经学会骑自行车，但当时的自行车都是给大人骑的高度，我的个子矮，只要坐在椅垫上，双脚就会悬空而踩不到轮子，所以无论如何也要变通，找到矮个子的骑法。

我不是坐在椅垫上骑自行车，而是利用自行车中间的横杆做支撑，把右肩的力量靠在椅垫上，算是半蹲的姿态，如此就可以骑自行车了。对于物质生活丰裕的你们来说，这种骑法是很难想象的，但当时的小孩儿并不是每一个人都拥有符合自己身高的自行车，因此必须学会适应和调整大人的自行车。可以说，我们家庭的自行车是万用的。

此外，那个时候的小孩儿很多，这也是我们的优势。当一条香烟卖完，只要大人一声令下，我就趴在自行车上，如同特技表演般出发去烟酒公卖局。记得那个时候的烟酒公卖局配销处就在海边，走路可能要三四十分钟，所以非得骑自行车不可。小学一二年级时的我个头太小，站在申购处的门口，工作人员也看不到我，我必须跳起来敲打铃声，工作人员探出头，还必须加上弯腰，才会发现我手上拿着大人填好的申购单和钱。然后，我就带着一条香烟一溜烟地骑回来。生意好的时候，有时候一天可能要跑三四趟。

自行车与周转率的关系

以前不知道为什么需要这样做，就在我念研究所时，发现著名投资家巴菲特特别偏好一项财务公式，这条公式背后的意义，与我这特技自行车买香烟的频繁次数有相当大的关联。

简单地说，每个店家都要在有限的资源下获得较大的利益，餐饮业的人叫作翻桌率，也就是在不必租赁更大的房子（因为租大房子要付较多租金）以及餐桌数量有限的情况下，若客人吃完就离开，新的客人不必等待或等待时间较少，这样的利润就会比较高。我的情况也类似这样，只是名称不同。我的这个方法可以称作“周转率”。那么，周转率高代表有什么好处呢？

假设当时一条长寿烟（一条有10包）可卖100元，成本是85元，全部卖完则可以赚15元，能够获取将近15%的毛利（15÷100＝15%）。如果同样只有85元的资金，最多只能买一条10包的香烟，但是，只要卖光了就赶去烟酒公卖局再买回1条，时间浪费约半小时，说不定接下来的半天又可以卖出半条5包烟，将可多出7.5元的利润，投资报酬会上升到23%，这会是一个很大的获利进步。

用ROE算出获利

如果你明白上面做法背后的道理和意义，再来看巴菲特最看重的财务公式“ROE”——全名为“股东权益报酬率”（Return On Equity）——你就会更容易理解了。

这是美国杜邦公司的分析师拆解的，所以也叫作杜邦方程式（The DuPont Formula）。它由三部分构成。其中一部分就是我前面做的事。你已经知道那叫作“资产周转率”，就像我表演骑车特技一样，卖光了便赶快再去买，用最小的资本多卖几次，赚更多钱。这种转动的频率叫作周转率，现在你应该很容易了解了。

但如果碰到婚丧喜庆这些特殊的大活动，一个客人可能就需要10条香烟，而我们只有买一条香烟的本钱，那么客人可能因为我们供应不了他的需求而离开，所以就赚不到这10条香烟的利润。那该怎么办？聪明的你能帮我们想个办法吗？

或许你已经想到了，那就是买10条烟准备着，或是请买主先下订金，然后赶快去购买他所需要的数量。这的确是一个好方法，但订金通常只是一小部分，本钱不足的部分该怎么办？于是在商业上就有了满足这种需求的借贷行为，借钱有成本，以后要还人家利息，但只要借的钱能够产生高于利息的利益，那就值得进行，相当于用别人的钱来赚钱。这种以小博大的方式，我们称为“杠杆”，大小的比例就称为“杠杆比例”。

为什么要这样做呢？因为它能以小博大，用最小的力量创造出较大的效果。例如，你们家开车去旅游，车子不小心在风景区轧到了钉子，结果轮胎漏气，你没办法回家，这时就要换备胎。开车的人常会碰到这种事，但你什么时候看过有人换轮胎时，是4个大人把车子抬起来换胎呢？

现代人才不会做这种费力的傻事，我们会用一种叫作千斤顶的工具，利用一个支撑点加上杠杆原理，轻而易举把车子撑起来，这就是物理杠杆。而借别人的钱来投资，叫作财务杠杆，目的都是用最小的力量创造出较大的效果。

从“纯益率”看出一家公司的获利能力

巴菲特最注重且用来评鉴一家公司值不值得投资的重要财务数字，就是这个ROE。杜邦方程式可以拆解成三件事：一是我骑车不断来回买卖所产生的“资产周转率”；二是借别人的钱来做生意，想办法以小博大的“杠杆比例”；三就是所谓的“纯益率”。

要评估一家公司的获利能力有多高，就用的这个纯益率。简单地说，即这家公司从事的行业所赚的钱多不多。中国台湾的俗谚说“要赚钱，第一卖冰，第二做医生”，说明了以前卖冰和当医生这两种行业的获利率都很高，但环境改变了，现在不见得适用，只是借由这句话帮助你了解一个行业的纯益率。

你吃过葱油饼和必胜客的比萨吗？哪一种比较贵？虽然两者都是用面粉做的，比萨就比较贵，比较贵是因为品牌知名度较高、用餐气氛较好。因此，东西卖得贵，利润就可能比较多，纯益率便可能增高。

你能够举出另外一个餐饮业类似的例子吗？其实牛排和牛肉面也有类似的情形。有人说同样是牛肉，一整块牛排的肉可以卖上好几百元，切成块状的牛肉面就没那么贵（这和肉的部位质量也有关）。当然，纯益率还要考虑许多因素，你可以慢慢观察和学习，如果你能从中得到启发，就不会讶异于为什么迪斯尼乐园的净利率在全球378个国际类似公司中的排名是前13%。为什么迪斯尼可以做到？因为这家公司特有的品牌和产品，让它可以获得较高的纯益率。

从实务中学会投资判断

总的来说，如果这三项因素都高，ROE也就跟着水涨船高了。听完故事，我要给你一项家庭作业。如果有两家公司，A公司和B公司的股东权益投资报酬都是25%，A公司没有使用财务杠杆，也就是没有借钱，B公司使用了50%的财务杠杆，即借一半的钱来做生意，你会选择哪一家公司？为什么？这个就当作你的暑假功课啰！

其实一家公司该不该借钱、应该借多大比例，这不但是公司老板和财务长要非常清楚的，其股东也应该要注意。

为什么巴菲特这么看重股东权益投资报酬率，因为ROE这个财务指标反映了营运、投资、融资三大活动，也可以借此判读企业的经营质量和公司的竞争力。所以巴菲特说："成功的经营管理绩效要看股东权益投资报酬率，而不是只有考虑每股盈余的持续增加，因为把资金放在银行定存，公司的盈余也会增加。"ROE只是一个重要的财务判读指标，还有其他财务数字也有重要的参考意义，例如内含价值或实质价值、现金流量、盈余质量。至于如何活用判读指标，可能就要等你真的想从事主动投资操作，企图击败大盘之时，我再开一些阅读书目，你有阅读财务报表的能力之后，我们再来进一步讨论。

ROE是财务分析师必考和必懂的内容，竟然就存在我小时候的自行车特技故事里。许多国际知名投资家都是从小在实务中接触，触类旁通地去了解商业活动和运转方式，而这种商业的敏感度有助于我们的投资判断。不管以后是否要成为投资专家，任何有机会接触实务性的活动，都可帮助你获得宝贵的经验和知识。所以你要养成一个观念，学习环境是宽广的，不是只有学校，更不是只有课本，这是我能给你的一个非常有用的建议噢！

小辞典

纯益率

纯益率是构成ROE（股东权益报酬率）的其中一部分，整个公式如下：

ROE＝纯益率×资产周转率×杠杆比例
＝获利能力×资产运用效率×财务杠杆比例

从纯益率可以看出这家公司从事的产业是不是利润高的产业，或者产品优良、是否难以取代，或者是否具有高的品牌价值且顾客忠诚度高而愿意付出较高的价钱。

有人将公司的纯益率称为“盈利率”，这是指税后纯益占本业营收净额的比值，比率越高越好。总之，“净利”“纯益”指的都是“税后净利”（净利率＝纯益率＝税后净利除以营收净额）。

05

善用你的每一个利基点

找到自己的特质和强项并不容易，但也不至于大海捞针。你要多注意那些自己做来比别人得心应手且能引你专心的事，至少做那些事你不觉得厌倦，或者做那些事时容易获得赞赏和肯定。说不定这就是你的强项，未来可以充分发挥！

加恩：

那天带你们去花莲美仑饭店用自助餐，是想让你们感受一下窗外那一大片绿草如茵的草地、高耸的大厅以及巨大的玻璃帷幕，捕捉户外蓝天绿地相伴的轻松自在。一路上，你姐姐牵着哥哥的手，我看他们感情如此融洽，很讶异地问起原因。

你妈妈说他们有革命感情。原来是生你的时候，你爸爸正忙，妈妈牵着你哥哥和姐姐的手到医院生产。虽然一时看不出你们三人对什么事物特别感兴趣，但我相信，你们每一个人都有自己的强项，中国人说“一枝草一点露”，老天爷赐予每一个人的才能都不同。

找到自己的兴趣和强项是需要摸索的，我经常问中国台湾的年轻人自己的兴趣和强项在哪里。不知道是否因为教育体系不一样，相较于我在美国问到的年轻朋友，中国台湾地区能够清楚回答的年轻人并不多。这很重要吗？我认为是的，了解自己的兴趣、优势，进而善用，就会产生许多奇迹般的效果。而我相信你一定也有，小兵同样能够立大功。

天生我材必有用

还记得狮子与老鼠的故事吗？

狮子在山洞里休息，一只小老鼠想从狮子身上绕过去，狮子突然醒来，一个脚掌就要压住小老鼠，大声说我要吃了你。小老鼠全身发抖，求饶说："饶我一命，将来一定会报答你。"

狮子笑了起来，不相信地说："像你这种小老鼠，怎么可能有能力报恩？这次就饶过你，我倒是要看看你有多厉害。"

不久，狮子在森林里不小心掉入猎人设下的陷阱。

狮子不停地挣扎，想要逃离，绳子却更加紧地缠住它。它开始发出求救的哀嚎。

这时，曾被狮子放走的小老鼠听到低吼，循声找到了狮子，它利用锐利的牙齿咬断绳子，救出了还露着难以置信表情的狮子说：“狮子先生，虽然上次你嘲笑我，但就算我是一只小老鼠，还是可以发挥我特有的优势，信守承诺与报恩的！”

从这个故事可以知道，只要发现自己的特长和强项，不但可以发挥力量，还能发现成长中的喜悦，以及利用特长克服困难时所得到的乐趣。

找到自身优势的4个零售渠道

商场上的竞争也是如此。来看看中国台湾4个零售渠道如何发现各自的利基，在每个缝隙中找到自己生存的立足点。它们面临过挑战，也找到了自己的特色茁壮成长。

这4个零售渠道，我想你都有机会接触，分别是：

7-ELEVEN和全家，全联福利中心，家乐福和大润发，好市多。你能分辨出这4种零售渠道各自的优势吗？如果你能说出你的观察，这种训练和培养就是迈向成功投资者的第一步。

我曾在一个大学研究班演讲，听众都是研究产业分析的同学。我问他们，什么是7-ELEVEN的优势，其事业经营方向的重大改变在哪儿？答案最接近的就送一本我的书。同学们发言踊跃，经过提示，终于有人猜对了，而未猜对但答案接近的同学则懊恼地表示：每天接触却视而不见它的优势。

让我简单说一下当时7-ELEVEN不断找寻方向和摸索自己优势的转变。

7-ELEVEN的奋斗与转型之路

7-ELEVEN起源于美国得克萨斯州达拉斯的南方公司，最初是以贩售冰品、牛奶、鸡蛋为主的商店，由于营业时间为上午7点到晚上11点，所以在1946年命名为

"7-ELEVEN"。

我在1985年到美国留学，那几年虽然发现了7-ELEVEN这样的零售店，但并不觉得它有比别家更强的优势。1987年，南方公司因扩张失败，3年后申请破产，由日本伊藤洋华堂公司取得南方公司过半股权，美国南方公司因此成为日本企业。我对于7-ELEVEN在美国为什么失败，而在中国台湾和日本如此成功感到好奇。

统一超商前总经理徐重仁谈过7-ELEVEN背后的故事。7-ELEVEN是在1978年引进中国台湾的。徐先生说，当时大家连7-ELEVEN是什么都不知道，还以为是打七折的店。当时在7-ELEVEN的店里还可以买到扫把、拖把之类的东西，可见7-ELEVEN初期对于商品的贩卖、顾客的定位很不明确。

7-ELEVEN连年亏损，被缩编成事业部，徐先生还是留在公司等待机会，他一直有个决心，想把中国台湾的连锁店做起来。幸好当时高清愿先生也给予支持，之后关掉了45间店，重新开设符合他新规划的店。终于在

1986年，7-ELEVEN第一百家店成立时，转亏为盈。之后，7-ELEVEN在这个基础上找到定位，持续发展和进步，终于成为中国台湾零售渠道的佼佼者。

这两个故事给你什么样的启发呢？它们有没有类似的地方？徐重仁先生和小老鼠是不是有相同的自信？在不被看好的情况下，逐步摸索和调整，终于把自己的特质和强项充分发挥出来。

便利超商、全联与大卖场的优势

那么依你的观察，7-ELEVEN或全家、全联福利中心、家乐福和大润发以及好市多，各有什么样的生存优势和强项呢？

早期，7-ELEVEN并没有找到自己的强项和方向，在这种情况下，不能获利，确实让董事会很担心。在第一百家店还未获利之前，他们每天都得面对各项质疑和挑战，甚至是否该继续开店都成了压力。然而，一旦找到了强项和方向，这个优势就会瞬间爆发出力量。

7-ELEVEN的优势是什么呢？价格吗？谈及价格，7-ELEVEN早期被误认为打七折的店，现在则有人开玩笑说是7块钱的东西卖11块，所以叫作“7-11”。对的，价格已不是它的诉求。那你看出它的优势了吗？就是“便利”，二十四小时营业，几乎几个街口就有一家。因为确立了“便利”就是它的特色，于是铺天盖地的设店就变成必要了。这个如今朗朗上口、看起来再平常不过的“便利”两个字，却是当年经过长时间的摸索才找到的方向和利基。利基没有找到以前，如大海捞针，一如我们对自己的兴趣和特质的探索一般，需要时间、信心和坚持。

全联就没有那么多店面了，便利性更不如7-ELEVEN，但它的价格更吸引人，也因此能吸引到它的族群。家乐福和大润发则定位成大卖场，需要较大的面积，不可能几个街口就有一家。店数虽少于全联，但价格和商品数量更具诱惑。

好市多打造竞争者难以匹敌的经营策略

至于好市多，又有不同的强项和优势。我在美国的住家附近就有一家，冬天有一阵子的晚上，我几乎都在这里度过，用完餐后看书，观察美国不同产品的销售趋势和受欢迎程度，这也是我除了阅读报表分析以外的现场观察。

好市多有许多大份量包装的产品，虽然对我并不太适用，但多数产品我都很乐意使用，原因是价格好，常有试吃活动。我发现，几乎有试吃的产品的销售都不错。有人说，现在卖商品都要学会展示销售，连卖菜刀也不例外。好市多的试吃活动似乎最积极，其美式管理也很特别。最让我印象深刻的是质量保证和退货保护，这恐怕是其他店很难超越的，这也就是好市多所建构的“护城河”之一。

例如，有一年冬天，我晚上在家看电影的频率特别高，常常边吃水果边看，总觉得从好市多买回来的苹果特别甜。吃到第四天，我好奇地打开灯光一看，苹果内部有褐色区块，我在想是不是坏了，第二天拿去换，工作人员二话不说就退款。我不好意思地问：一盒10颗的苹果要剩多少才符合退货规定？记得工作人员说，有个客人吃到只剩下3颗，他们也全额退款。言下之意是，只要不吃光，觉得不满意都可退，这下换我讶异得说不出话来。事后一算，我加入好市多会员近20年，大概只退了2次苹果，这些损失应是由供应商吸收。虽然也会有消费者滥用这项服务，整体的退货数量应该还是微乎其微，但这样的质量保证，不知掳获了多少顾客的忠诚度，这项经营策略恐怕也是其他厂商难以跟进的。

对了，退货后一年，我在中国台湾的水果摊发现了非常昂贵的蜜苹果，内部的褐色区块就跟我退的苹果一样，所以我到现在还不清楚上次退的是蜜苹果还是烂苹果。

再说一个能解释为什么只要好市多有卖，我就不考虑其他卖场的小故事。

有一年，我在美国好市多发现了中国台湾厂商生产的笔记本电脑，因支持中国台湾货就买了。后来，我想换成更轻薄的电脑，以方便旅行使用，想着要退，却因忙碌，加上旧电脑也用得顺手，一拖就过了很久，心想就不退了。有次要重新启动笔记本电脑却没反应，我打电话到好市多客服中心。工作人员一看是两年保修期的最后一天，马上电话联络中国台湾厂商在美国的服务中心，不久，我便收到了一个全新的电池。笔记本电脑有两年的保修期，全美没有另外一家厂商能够提供。好市多的电脑种类虽不多，却是我优先考虑的卖场，因为你会觉得安心和放心。

好市多是一家好公司，这几年受投资者的喜爱，股价飞涨，在我跟你写信的当下，股价已不便宜。好公司该用什么样的价位来购买，这永远是投资界争论不休的话题。每个学派都有其论点基础做支撑，等你以后更有兴趣时，我们再来一一检视每个学派。

从零售思考问题

说了这么多零售店故事，我要问你几个问题，让你进一步观察和思考。学习要避免只有单向吸收，困顿和思考是非常必要的。

一、为什么7-ELEVEN在美国不成功，在中国台湾和日本却大放异彩，发展到极致？你认为主要的关键在哪里？中国台湾的7-ELEVEN利用了都会生活形态的什么特性，在大陆可以复制成功吗？如果可以，为什么？不行的话，又是为什么，需要做什么样的调整？

二、为什么好市多在美国和中国台湾都发展得很成功，创造了惊人的销售成绩？体态轻盈的小老鼠在市区巷弄里乱窜是可以理解的，但好市多这只大狮子在中国台湾的都会城市也可以跳舞，你认为优势在哪里？它做了什么样的调整？

三、如果爸妈有笔钱要你来投资，你会投资哪一家零售渠道？为什么？怎么判断它们的价格是否合理？这个问题有一点点挑战，提供你一些专业的工具和方法做个参考，例如股东权益报酬率（ROE）。

投资就跟你生活中的卖场如此息息相关，你从它们身上赚来的钱，可以有吃不完的冰激凌和美食，仿佛就像你开的店。是不是觉得投资很有趣呢？

了解企业是投资者应具备的优势

找到自己的特质和强项并不容易，但也不至于大海捞针，完全没有头绪。想想看：小老鼠的强项是什么？除了石头，我想，小老鼠什么东西都能咬。小老鼠就凭着这一个强项，咬断绳子，救了大狮子。我的强项是什么呢？我也曾经问自己，因小时候有零售店的经验，所以我观察周遭一些零售店的敏感度就特别高。例如，星巴克在金融海啸期间，股价从最高点跌落到谷底时，损失近80%，我便抓住机会逢低补进。这成了我基金的主力部分，其股价从最低价的3.5美元，涨到两年前我卖出的54美元，由此我过去7年获利达12倍之多。

当时股价跌得很严重，加上星巴克在美国的销售量下跌了20%～30%，有人认为星巴克会和花旗银行一样面临倒闭，我却有不同的看法。为什么？因为小时候卖香烟的经验告诉我，咖啡和香烟这类消费都有品牌忠诚度和偏好，喜欢抽什么牌子香烟的人，都已经有固定的选择和口味，咖啡也是如此。突来的金融风暴会减低一些消费数量，但应是一时性的，何况股价已经大跌了80%，反映了最坏的状况。果然，我的判断正确。

所以顺着我的经验给你的建议是，你要多注意那些自己做来比别人得心应手且能引你专心的事，至少做那些事你不觉得厌倦，或者做那些事时容易获得赞赏和肯定。说不定这就是你的强项，未来可以充分发挥！你一定要有小老鼠对自己强项的自信！

现在，你的功课就是学习观察每家企业的生存优势。从几十坪[①]的7-ELEVEN到上千坪的好市多，各有其特色和强项。观察每一家店能够生存的利基，进而发

① 1坪约合3.3057平方米。

现优异性，这也是投资者应该具备的优势。

徐重仁先生回忆7-ELEVEN这段浴火重生的经历时曾说：“经营策略虽然重要，但坚持也很重要。假设当时我放弃，整个路都不一样了。人生不会一帆风顺，虽然会经过很多坎坷挫折，就像火车每一站都不一样，会进入黑暗的隧道，但总会柳暗花明又一村。用这种心情看事情，就知道遇到再困难重重的挫折，也不该灰心，一定要往前走。”

看来成功者都会充分运用这个秘诀：一、找到自己的强项；二、有自信、锲而不舍地坚持；三、碰到困难找方法。看来这是徐先生的特质，小老鼠也懂得这个窍门。我的许多客户，各自在工作岗位上辛勤工作，并利用专业获取酬劳，再将这份辛苦的所得通过我的专业和经验，和全世界一流的企业联结，因投资而创造另一种财富。可以说，我们都要发觉自己的优势和别人的强项，进而做到某种程度的结合。

你的特质和优势在哪里呢？这是一个有趣的探索过程噢！

但也请放轻松，不必担心，就算你经过摸索，还没有找到自己的特色和强项，你也可以当别人的啦啦队，给他们鼓掌加油，你不必因为一时的落后感到沮丧。就像小老鼠对自己拥有优点那样有自信，只要肯努力，勇于探索，于你而言就是很棒的过程。我们的父母亲也在学习和了解，就像有人说的：“教育不是比较，因为对每一个小孩来说，快乐善良和健康，就是最大的成功。”

小辞典

护城河

古代为了防御敌人的侵犯，会在城堡四周建设人工河，以增加敌人的攻击难度，这条河就称为“护城河”。现在，护城河在商业上则引喻为公司有强大的竞争优势，让对手难以威胁。产品、品牌、管理、服务、策略，这些比别人优秀的条件，都可以称为公司的护城河。

06

攻击得分，防守获胜

投资是一场没有炮火的战争，亏损就是扎扎实实的亏损，没有人会平白无故再给资金或银弹。有人观察到，无论是继承家业还是白手起家的富翁，这些有钱人都不追求高报酬，只要比大盘高一些就好，不会把财富拿去冒险。坚守“谨慎小心，避免犯错”的原则，就能稳稳使财富倍增。这个看法，验证了防守亦能获胜的事实。

沅臻：

听你妈妈说，你对于足球、篮球和音乐都很感兴趣。足球和篮球这两种不同的运动，你怎么会同时喜欢？你对美式足球（橄榄球）有什么看法呢？

我高中时曾在台南念过一个学期，那时学校举办了全区橄榄球比赛，成功大学的表现很不错。我看了球员之间的拉扯和拼斗，觉得这是一个很激烈的运动。到了美国后，我发现，美式足球的冲撞更惊人。有一次，我办公室搬家，在车上和一位小伙子闲聊，才知道他以前是橄榄球队的，他说美式足球球员只负责进攻，防守时又换上另一组人员，战术变化多，更好看。

美国人从小爱运动

我刚到美国时，有所谓的“文化震撼”，其中一个就是为什么老美那么喜欢运动。他们把许多运动都变成职业赛事，一年四季都有精彩的球赛可看。春天一过，就有户外的网球、世界的四大满贯。首先登场的是澳大利亚网球公开赛，紧接着是法国网球公开赛，然后是温布尔登网球锦标赛和美国网球公开赛，这四项赛事是职业网坛最重要的赛事。美国网球公开赛的冠亚军落在美国劳工节的长周末，开学前的劳工节是美国大学橄榄球队开赛的重要节日。每年2月的超级杯足球赛，更是吸引全美的人观赏。

美国前总统里根（Ronald Wilson Reagan）的第二任就职典礼就碰上了超级杯的冠亚军决赛日。你说该怎么办？这在许多国家多数是一个行政命令，让球赛改期，但白宫深深了解这个决赛在全美国人心目中的重要和分量，可不想搞砸庆典的热闹气氛，结果是总统的就职典礼顺延一天。由此，你可以想象，美式足球超级杯在老美心目中的分量。当气温变冷，不适合举办户外球类时，室内的篮球接手了。而春天一到，户外棒球季也会展开。

老美酷爱运动，是把运动当作休闲、强身、娱乐和商业，甚至是许多人的职业。我曾在一个高中球场看到球员在做橄榄球运动，最小的球员竟是小学低年级学生，穿着制服，有模有样地做暖身操。这个画面可以延伸到球季赛事，每个家庭可能都是全家老少守在电视机前一同观赏。

在大学校园，你会发现和你擦肩而过的学生，很多都是虎背熊腰、上过健身房的，仿佛身上要有几块肌肉才是年轻人的基本标志。难怪有人说，在运动上，中国是得奖大国，美国不仅是得奖大国，也是运动大国，他们的运动从小扎根。

要投资，先学会防守

我小学时很喜欢观看体育表演，那时在台东体育场有一个柔道馆，常能吸引我的驻足，因为榻榻米地板不时发出很大的响声。你会发现，两位选手练习对摔时，被摔倒在地的一方，不停地练习用手保护头部，所以听到的响声通常是手先触地，身体一个翻转再站立起来。可以说，柔道学的是先做防守的训练，而不是立即的攻击。

应用到投资，股神巴菲特就有非常著名的投资第一金律，那就是：第一条，不要赔钱；第二条，不要忘了第一条。看起来简单，但多数人做不到，因为这需要长时间的学习。就像柔道训练，每天第一个暖身课程，好像都是从训练保护自己开始，久而久之，人形成自然的本能反应。可惜，许多投资者都没有经过这样严谨的训练。

所以我常说，我们这群专家在金融投资千变万化的环境中，经常一不小心就摔破眼镜，眼前一片雾茫茫，自然判断也不准了，所以大家常消遣说这是专家摔破眼镜。但没受过训练的业余投资者，一不小心就是摔破脑袋，一下子不醒人事了。你必须从小特别注意投资的这个特殊现象，了解它的重要性。因为投资不像一般球赛，输了拍拍身上灰尘，下次或明天再来；它也不像下棋，中国台湾有句消遣对方棋手的俗语，当一方被杀得片甲不留，只剩下一两个残兵败将时，常会说“重新再来棋子多”这句让对方明知是挖苦，又有几分道理而让对方无从反驳的话。想当年，我也是经常这样被人家消遣，才逐步练就一些技巧和观念，不那么轻易败下阵来。

下棋，输了可以重新摆棋，再来一番新的较量，只要你度量够，就伤不了你。但投资是一场没有炮火的战争，亏损就是扎扎实实的亏损，没有人会平白无故再给资金或银弹。有些人初期损伤不重，还有机会卷土重来，但有些损失可能一次就让人倒地不起，主要是这些人不了解它是一场战争，是文明的财富分配，轻忽了它有许多要注意的观念和做法。有人观察到，无论是继承家业还是白手起家的富翁，这些有钱人都不追求高报酬，只要比大盘高一些就好，不会把财富拿去冒险。坚守“谨慎小心，避免犯错”的原则，也能稳稳使财富倍增。这个看法也验证了防守亦能获胜的事实。

我不是说你要放弃击败大盘这样的企图心和学习，或者失去冒险的精神，而是提醒你，投资的特殊性就像战争，站在输的一方才会发现它的残酷。它又像大海，风平浪静时让人不知其中的凶险和惊涛骇浪。所以要先学会防守，等到有经验、有把握、能够驾驭了，再加强攻击力度，就像巴菲特一样。这也是我要给你的重要提醒！

健康是银行存款中的第一个数字

运动比赛想要胜利，投资想要获利，都不能不注意“防守”的重要性。“均衡人生的5个球”中，哪一个球是我觉得许多人最可能忽略而付出惨痛代价的？许多人连一点儿防守的能力都没有，不只是小朋友，连大人都是，所以它不是年龄的问题，而是一个观念和纪律的问题！是哪一颗球让我们一点儿防守的能力都没有呢？它就是“健康”，这和饮食、生活习惯及运动都有关系。

有人说，健康仿佛是银行存款中的第一个数字，第一个数字“1”不见了，后面再多的“0”也没有意义。

如果我们只是教导你如何创造后面的“0”，却没告诉你如何保护前面的“1”，你会发现这样的教育是有缺憾和不完整的。健康的维护是人生财富的重要防守，一如运动和理财中的防守是获胜的重要关键，一定要重视！但是，要从哪里做起呢？

疾病都是吃出来的

“病从口入，祸从口出。”这是老祖宗的智慧，到一百年后都还有道理。哪个父母能帮孩子培养良好的饮食习惯，避免病从口入，就是给他一辈子最好的礼物，也是帮他做好健康的最佳防守。这比增加他考试分数更重要，因为小习惯决定了大未来。成年人的健康和小时候的饮食习惯有关，很多疾病都是吃出来的，食品加工业存在许多触目惊心甚至不能说的秘密。例如，之前碰过一位鱼丸加工业者，我好奇地问，有些商店的鱼丸卖得那么便宜，一个丸子的鱼肉比例到底是多少？他估计只有35%。我讶异地问：那其他的是什么材料？他的答案让我瞠目结舌了。他慎重地说，除非清楚制作的厂商和食材来源，否则避免吃。他给孩子吃的贡丸，都是自己买新鲜猪肉制作的。

我想起了我在台东开的小餐饮店，为的是想推广预防医学。我踏入餐饮业，才了解到有多少人的健康是如此不设防。刚开业时，我好奇地问面包厂商，全麦面包的全麦比例有多少？他很坦诚地说大约15%。我说，这么低的比例怎么能叫全麦，他苦笑了一下，说业界都是这样。

最让我吃惊的是，多数早餐店使用的吐司还用了美国已禁用的酥油，也就是所谓的人造奶油，这种反式脂肪会影响身体健康。酥油价格便宜，做出来的口感又好，如果不是政府禁止或消费者有这样的知识和警觉，要业者自废武功是很难的。想到那些不健康的东西每天都在大家肚子里，你就会发现，自己隔海开个小店实在帮助有限。我要求厂商的全麦提高到50%以上且不用酥油，整体成本提高，而且口感不理想，如何突破，正在伤脑筋中。中国台湾的酥油最快在2018年禁用，其间消费者要提高警觉，自我保护。

开这个小店，也不完全是失败挫折的经验，我曾碰到一个念专校的小女孩儿，特别喜欢我们的产品。有一天，她的老师来拜访我们，他说这位同学经常迟到，因为她一定要吃完我们的早餐才去上课。我们的店那时开得晚，我真没想到有人会这样坚持，感动之余，就把开店时间提早了！

养成正确饮食的习惯

好的饮食习惯要从不偏食开始，我认为父母对于孩子的饮食习惯负有很大的责任。我特别注意到来店里的一些很小的孩子，他们来喝我们店里不加糖的果汁或吃我们的五谷米饭。我很好奇地问：难道外面的奶茶对你们没有吸引力？有些小朋友告诉我，市售奶茶中的奶并不是牛奶，而是奶精，奶精并非奶类，而是由淀粉和油脂构成，没必要摄取。

我很讶异小朋友怎么会知道这样的知识，原来都是父母用心教导的结果。有些父母会用烹调方法，将蔬菜放到汤中煮，包在饺子和包子里，或切得很碎炒饭，尽量让小朋友习惯食物的味道而接受它。这些父母各种颜色的蔬菜都要让孩子吃，孩子不喜欢的也要想办法变成喜欢的，例如将蔬果做成冰沙，这样孩子从不吃变成抢着吃。我办公室美丽的助理就把蔬菜烤成像海苔一样，撒上一点儿盐，不但孩子喜欢吃，连大人也抢着吃。所以这是父母是否用心的问题。有些大人也有挑食的毛病，大人应该要以身作则。

很多成年人的慢性病，如肥胖、心血管疾病、痛风、糖尿病、高血压甚至癌症等，都与生活习惯有关。所谓“病从口入”，很多病都是吃出来的。所以要吃出健康，与儿童时期的良好饮食习惯有很大关系。帮孩子养成好的饮食习惯，充实正确的保健知识，这比补习或买贵重礼物更有帮助和意义。

我不是说不要品尝美食，相反地，人要享受美食，因为通过味蕾得到的记忆，绝对是一生中很美好的事。重点是如何选择，享受美食的同时又不会伤及健康，要不然只有几分钟的快乐，却要用一辈子的痛苦来交换，这和吃毒品岂不一样？你以为美食必须是很复杂的烹调？事实上，市面上有很多炸物或腌制品，甚至食物中包裹一大堆添加物的，早就吃不出原味了。

许多美食都是强调味蕾的感受，以至于常以牺牲健康为代价。而我认为，最高境界的美食除了味蕾的享受，更是心情的欢悦以及健康的获得，不然也是二流和三流的美食而已。许多陷阱都很明显，唯独饮食这件事，多数人几乎没有防守能力，一方面没有相关知识，另一方面没有纪律。鲁迅说过，去五个地方会改变人的心态，其中一个地方是医院，这里集聚了人间的痛苦，唯有到这里才知道健康的重要。所以我认为，这方面的提醒和注意永远不嫌多！

餐桌是一家人享受美食与沟通的地方

除此之外，很多人都很好奇，为什么我可以讲那么多的故事。这是因为小时候，我们全家人会一起吃饭，听父母讲历史故事、他们以前发生的事，或每天的趣事，听大人讲故事，自己也可以讲，有时候会有疑问，一问一答，久而久之，就训练了听和表达的能力。

后来发现犹太人也喜欢讲故事给孩子听，并且会在故事中提问题，引起孩子的好奇心，并引导他们思考。说故事的沟通方式，能拉近家长和孩子的距离，增加家长和孩子的沟通机会，用问答的方式锻炼孩子的表达能力。有些犹太家庭在吃饭前会有一场小型聚会，内容就是讲故事和说笑话，或说每天发生的有趣的事情。每到这个时候，孩子们会各就各位，兴致高昂地等待爸爸或妈妈说故事。没想到，当年没有电视机的我们，也做了类似犹太人家庭的教导方式。全家一起享受食物的美味，吃饭时专心吃饭，那段天伦时光是我童年最美好的记忆之一。

反观现在很多家庭，家人很少一起好好享受吃饭的时光，大多各吃各的，或者是吃饭“配”电视，没有好好去感受或享受过食物的味道，辜负了做菜人的用心和爱心，也错失了聆听对方内心世界的机会，十分可惜。

这次跟你聊了那么多，希望在你喜欢动的基础上做一项防身运动，再培养良好的饮食习惯。这也很像是投资中的“资产配置”，防守和攻击并重。因为有防守，就能面对股市的冲击；因为保存了实力，就可在最恰当的时机发起攻击。这也像很多人注重养生，所以任何时间都有条件吃美食，有些人先前不懂得照顾自己，已经吃坏的身体越是禁止吃，就会越难以抵挡地想吃，防守的溃败形成恶性循环。所以财富的追求要像巴菲特一样在稳定中求成长，以后你就会明白我所谓的攻击得分、防守获胜的人生道理。

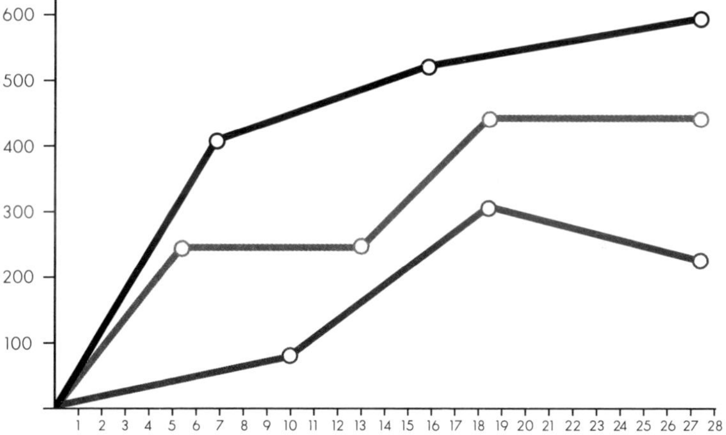
600
500
400
300
200
100
1 2 3 4 5 6 7 8 9 10 11 12 13 14 15 16 17 18 19 20 21 22 23 24 25 26 27 28

小辞典

反式脂肪

反式脂肪来自氢化植物油，加入氢分子的目的是要让油脂不完全饱和，可使面包、蛋糕等烘焙食品酥脆，富有润滑口感。这种植物油因成本低、口感好，很受食品业的青睐，但人吃多了会增加体内的坏胆固醇、降低好胆固醇，不利于心血管健康。近几年来，制油业者开始混合调配动物油和植物油，借以取代不完全氢化植物油，避免反式脂肪影响健康。

虽然食品药物管理部门逐步禁止业者使用反式脂肪，但替代用的完全氢化植物油却可能造成饱和脂肪摄取过量，增加脑中风、高血压等心血管疾病的风险，对身体的危害程度与反式脂肪不相上下。尽管政府规定包装上要注明反式脂肪的含量，但夜市贩售的面包或盐酥鸡等食物，暗藏不良油脂，食用时要特别注意。

健康是一生的财富，它的重要性不输于金钱。你年轻时因为新陈代谢能力强，常吃这类垃圾食物，以为自己百毒不侵，但其实身体的损伤都是渐进的，等到发现时，身体通常无法恢复了。西方甚至用这样的话诅咒人：“去赚，拼命赚钱去，赚了给医生用！”所以，守住健康才能守住人生的财富，这必须从年轻开始做起，而饮食就是第一步！

资产配置

对多数人来讲，投资中的资产配置是投资风险管控的好方法。一般的资产配置会借重5种不同的资产，如股票、公债、房地产、商品和现金等混搭，利用这5种不同资产之间一正一反互补的效应来组合。举例来说，股票下跌时，可能公债上涨，这样就避开了同涨同跌的反应，可以说是个攻击和防守一开始就并存的投资战术。更多内容请参阅我的《你没学到的巴菲特：股神默默在做的事》一书，整本书都有讨论资产配置的原理和操作。

07

阅读改变观念，也改变人生

犹太人认为，人们最大的财产就是知识，因为不管是黄金还是钱，都可能不见或转移，但只有知识是别人带不走的资产。根据观察，成绩优异的学生基本上都有阅读课外读物的习惯。阅读让人有了更纵观全局的高度和内心较平衡的良好心理素质，因为投资不只是数字的分析，还有人性的行为判读。

栢丞：

听你祖母说，你很小的时候就已经可以辨识很多字，开始阅读了，这是非常宝贵的能力，你要充分利用。

阅读，是最好的家教

我刚到美国时，很讶异于当地资源的丰富，各个层级的图书馆藏书量都相当可观，彼此还形成一个网络，可以向别的图书馆调阅书，相互支援。

早期的中国台湾地区资源相对匮乏，许多受欢迎的书只有一本，藏书不多，但阅读的人不少，要借一本书，经常要等很长时间，还要碰运气。这么一折腾，兴致也没了。记得我进美国研究所，第一次到图书馆借书，因老师要求的功课需要查询较多资料，便问管理员可借几本。他们是饱汉不知饿汉饥，这下子换他们困惑了，表示想借几本就借几本，借阅时间至少两个礼拜。这种开放式图书馆的书籍，随你借，那是我第一次有坐拥书城的感觉。

有一天，我去了居住的小镇的图书馆，有位妈妈牵着两个小女儿来还书，不是手上拿几本书，而是用袋子装，还完又借了一袋书。看着小朋友满足地一本一本装入袋里，我突然想起“贫者因书而富，富者因书而贵”这句话。

你知道为什么阅读这么重要？因为只要你掌握了阅读这把金钥匙，就会开启全世界知识的宝库，就算我们竭尽所能回答你的提问、为你解惑，但没有父母在知识领域上是万能的，只有阅读能让你与学有所成的智者对话和互动。你用了最少的费用，请了全世界无数的家教，对你所面临的各种困难和问题给予指导。不仅如此，阅读还带你穿越历史长河，学习艺术、文学、科学、医学、哲学等，不仅提供给你实用性的知识解答和技巧，还提供了和你心灵深层的对话，让你拥有一个平和安详的内心世界，在面对挫折和沮丧之后能重新出发。这许许多多的教导和功能，都不是目送你扬帆待发的父母能做到的。

不仅如此，读书其实还有很多乐趣。小时候的我非常沉迷漫画，大婶婆的逗趣故事、真平四郎的精彩侠义，还有科学幻想的情节或多或少引领了我天马行空的思考和幻想。

记得小学二年级暑假开始，我就和念初中的哥哥姐姐背诵朱子治家格言，因为不懂得含义，当时很抗拒。（当时我爸爸未必具有分班教学的概念，让我们小学和初中的孩子背诵一样的内容，难怪我兴致缺缺。不过他是萝卜和棍棒并用，背不出来的是“竹笋炒肉丝”，小小屁股免不了一顿打；背得出来是奖赏5元。你可能不知道，那时候5元可以看两场电影或吃一碗面。如果是你，不是挨打就是看电影，你会选哪一个？）“黎明即起，洒扫庭院，要内外整洁，一丝一饭当思物力维艰，得之不易……”这里面具有许多治家格言和学问，当时未必懂，多年后却常常在某一时刻不经意地跳出来，给予我提醒和引领，对我的一生很有助益。

如果可以，我希望你能及早阅读中国古典文学，没有限定地读，挑你喜欢的读，必要时给自己一点儿诱因和奖赏，哪怕是刚开始的囫囵吞枣。让我和你分享为什么我当时会阅读古典文学中的小故事。

阅读中国古典文学，功力大跃进

我大概小学三年级就会骑自行车，便到处尝试不同的地形。有一天，我骑上了台东鲤鱼山的忠烈祠，坡度不算陡，但对我还是有一定的挑战，下坡可就过瘾了。我从来没有尝试过下冲的速度，别忘了那个时候我个子矮，还是以半蹲的狗爬式掌控方向，由最高点滑下，有如凌风驾驭，享受高速奔驰的快感。很快地进入坡度渐平的地段，正好前面有个平交道栅栏，就在我放慢速度准备通过时，突然车子打滑，我就摔了下来。我一看，原来地面上有一堆细沙，还好不是牛粪，心想没什么了不起。我准备站起来扶正车子，却发现痛得站不起来，只能坐在地上。渐渐地，人越围越多，这时候，有两位好心的中年妇女叫了三轮车把我送回家，父母千谢万谢她们。我每每想起，内心都对她们两位生出一股谢意和暖意。

傍晚，二哥又中背着我，跟着父亲到跌打损伤的店看诊，离家短短300米的距离，疼痛却让我觉得时光漫长。我照了张X光，结果是左小腿骨折。因为不是正规医院，我记得没有打石膏，一堆药膏和两块板子夹住了我的左小腿。我开始了坐牢似的寒假。我哪里也不能去，又快过年了，大家都在忙，也没有人可以陪我。前几天还可以，一个礼拜后，我就觉得难挨了。那时候没有电视机，我寂寞无聊又疼痛，开始向母亲抱怨，吵着要看漫画和故事书。除了睡觉，我整天是醒着的，每天阅读将近15个小时，母亲的私房钱都不够支付我买书的速度，但也只有阅读可以分散我疼痛和不便的注意力。那时，书本成了我最好的止痛剂！

因为我看书的速度太快，母亲要我温故知新，把旧书再看一遍，但第二遍温习的速度更快，又断粮了。她受不了我的纠缠，第二天丢给我一本厚厚的《三国演义》，记得那时一本要70元，可以买7个月份的《王子》杂志，这下子换我有点儿心疼了。不过，我一下子就被书里的精彩情节吸引了，虽然有些字还不认识，但半蒙半猜的，竟然一点儿都不影响阅读乐趣，因为故事的张力够吸引人。印象中，母亲买了这部古典文学书籍，从此耳根清净。读完之后，我发现自己的阅读能力仿佛瞬间大跃进，颇有武侠小说中所叙述的，主人公跌落山岩洞里，寻得武林秘笈，出洞时功力已不可同日而语。

第二年，我又阅读了中国章回小说《水浒传》，不是因为我特别喜欢看这种大部头的古典文学书籍，而是因为我又摔断腿了。

也是假期，我在住家旁的东师附小打篮球，在篮框下争球时一个滑倒，又是左脚摔到，疼痛得爬不起来。旁边一个年纪大些的中学生跑过来，说这个他有经验，昨天有个人也是这样，这叫脱臼。他要我的同伴扶着我，用力拉着我的左脚转动，我只听到我的骨头喀啦喀啦地响着。他再用力往外拉，我的疼痛真是难以形容，他一次没有成功，还叫我忍耐和坚持。他再试第二次，我想，接下来应该就是我鬼哭狼嚎的哀号声。大概是第三次他觉得不对劲儿了，说跟昨天的状况不一样，而我也受不了了。

回到老诊所，X光片显示，我摔的地方就在第一次骨折的附近。感谢上帝，那位中学生学长可能因为才发育，手劲儿还不够大。要是一般的高中生，可能我现在走路就会像鸭子一跛一跛的了。

这次大家都有经验了，母亲买了《水浒传》这本大部头的章回小说，一次耳根就清净了，还省了不少私房钱。接骨师看完X光片，安慰我，并对父亲说，断过的骨头长好后会更牢靠。可见经验多重要，挫折多美好！中国台湾俗语说，“打断骨头反而更强壮”，这可是有生理根据的。

你或许会好奇从小培养的阅读习惯是否对我有益。

有的，这是父母给我的一生最好的礼物，别人无法轻易拿走！我这个经验和犹太人的教育理念很接近，他们认为人们最大的财产就是知识，因为不管是黄金还是钱都可能不见或转移，只有知识是别人带不走的资产。知识就是力量，也是财富，所以你要好好累积自己的知识！

学习贵在融会贯通

许多人都知道读书很好，却苦无有效率的方法。常有人问我，为什么我的记忆力这么好？这完全不是事实，其实我的记忆力并不好，诀窍在于融会贯通之后，很多事情就会牢牢记住，而且可以举一反三。先说一个故事给你听。

我在美国当保险公司区经理时，招募了一批新进理财顾问，其中一位的学习速度似乎比别人慢，总是有很多疑问。别人都戴着钢盔往前冲了，她却好像还瞻前顾后地研究该怎么做。她看我没耐心了，便约时间单独与我会谈，告诉我她的故事。

她说她研究所念的是公司理财，现在进入私人理财的新领域，在没有搞清楚问题之前，她的工作状态会比较缓慢，只要充分了解，就会进入正轨。她还说读北一女时，物理考阿基米德原理，她拿了零分。她的老师无法理解，说随便记一下公式也能答对几分。她对老师说，未充分了解前不想用那个方式答题。之后她明白了原理，成绩都是100分。她要我少安毋躁，因她的学习方式和别人不同，请我给予较多的耐心。我之后就对她采取放牛吃草的方式，果然，她交出了团队第一的成绩。她能考取台大，进入美国哥伦比亚大学，我相信，她融会贯通的学习方式一定发挥了作用。

有一年，我参加“特许财金分析师”（CFA）的考试，有个题目在历届考题中一再出现，虽然原理相同，但有些出题方式我答得出，有些我答不出来。我特地请她下了班当我的小老师恶补一下。她看懂原理，再参照历届考题，告诉我题目的核心理念。考试那天，那个题目果然又出现了，题目又转了一个弯，但我已经融会贯通，非常有把握地应答，已经不怕题目如何转弯了。出了考场，我有了一个感想：多而松散，不如少而精，看过的问题如果能清楚了解，在扎实的基础上才能往上叠出不倒的金字塔。那么，该如何融会贯通？

我的经验是阅读和思考并行，再进行交叉比对的查证和对照。例如，我阅读时，每看一个章节或段落，就会在书上注记哪些是这个段落的核心和精彩片段。我也经常每看一小段，就会看看窗外，思考作者要表达的含义是什么，有哪些和日常生活经验能联结，这些道理在日常生活中是否处处可见？最后，我会喃喃自语，把精彩内容用自己的理解讲一遍，所以下次你在咖啡厅或某个角落看我喃喃自语时，可别误以为我有精神病噢，那是我在练习我理解的功课。如果讲得不顺或者有些重要的数字说不出来，就表示我卡在某些关键点上，我把这些地方再阅读一遍，记忆就特别深刻。但人也是健忘的，所以要学习古人所说的温故知新。

古人、今人都用过很多好的学习方法，你也可以参考一些学习有心得的人所使用的方法，再结合适合你的做法。我将自己的经验综合成以下几个方法：

一、日常生活联想法

每看一小段就和日常生活中的现象做联结，我们阅读不能没有思考，因为光靠死记硬背的“贝多芬”（背多分），总有一天就会碰到“莫扎特”（莫名其妙就砸了）。因为死记的知识不扎实，没有融会贯通，很难产生举一反三的效果。这也是许多人认为有效的孔子念书法强调的，他说学习不思考，就很难融会贯通，就会被书的见解牵着走。没有自己的独立思考和看法，碰到不同看法时，就会感到迷惘，无法分辨对错，所以“尽信书不如无书”。孔子也说，思考很重要，但如果只是空想，而没有已有的理论或已有实证的基础，就仿佛在沙滩上建塔，欠缺牢固的基础，纵然有很强的思考力，也经常是疲惫而无所得。孔子原话是：“学而不思则罔，思而不学则殆。”

二、马友友的15分钟专注法

小时候，我有阵子念书都在混时间，效果很不好。多年前，看到著名大提琴家马友友的练琴秘诀，我才了解自己的错误。马友友的父亲知道他不容易专心，就算专心，时间也很短，所以每天只要他练琴15分钟，但必须集中精神、全心全意。马友友说，这种训练让他一生受用不尽，因为时间短，所以会专注，因为专注，所以有好成绩，而有好成绩又引起学习的兴趣。这就像老子的“少则多”的道理，是很奇妙的良性循环。

三、喃喃自语演练法

我会把看过的内容用自己能理解的方式说一遍，这样做，可以训练我的理解力、归纳整理能力，以及口语表达能力。因为不懂，你就说不出来，因为要经过这样的考试，不专心就不行了，好处很多噢！

四、集零为整读书法

每个人每天都有一些零碎的时间不好运用。排队点餐的时候，要等3~5分钟，我会带一本短篇故事书，点餐前看一篇故事，吃完再看一篇故事。你千万别小看，一个月下来，就看了60篇故事。就算打对折，30篇故事也很有收获，一年下来就是好几本书。诚品大股东童子贤先生也会利用短暂的空当时间阅读。他喜欢的书会买上两三本，拆成容易携带的单页，随时阅读。我们的做法十分接近，你可以参考。例如，想增进写作能力，可以阅读报纸短文或社论，这些都是很好的可利用的素材。

五、温故知新法

德国心理学家赫尔曼·艾宾浩斯（Hermann Ebbinghaus）曾提出“遗忘曲线”现象，他说，人的记忆会从刚开始学习的10分钟后开始加速遗忘，1小时后忘记50%，1天后忘记70%，1个月后忘记高达80%。

除了过目不忘的天才，一般人最好的做法就是古人所说的“温故知新”。要时常复习，可利用前面所说的琐碎时间进行。因为阅读过，所以能快速回忆，这样就能将阅读一两遍的“知道”转变成“熟悉”的长期记忆。例如，我最近在找台积电公司的原始股东名单，想了解行政管理部门国发基金的持股比例。我曾在书上看过，但记忆不深，最近反复几次查询，就记忆深刻了。别小看这个数字，它同时透露出中国台湾财政恶化的另一个原因，甚至提供了一个解决财政问题方向的思路和做法，主事者如果只是“曾经知道”而不是“熟悉”，自然会错过改善的时机和做法了。

以上5个阅读方法应该对你的学习有些帮助，你可以参考别人有用的心得，再转换成适合自己的阅读模式。

大量阅读让你能在重要时刻做出正确判断

知识和观念的内化，强化了我的人生观，丰富了我的生命和生活。阅读完善了我的专业。例如，2008年，全球碰到百年罕见的世纪性金融海啸。那年10月，我应美国麻省理工学院中国台湾同学会的邀请，办了一场讲座。我说这是上帝给的礼物，金融海啸虽然严峻，但不会重蹈1929年经济大萧条得覆辙，我说明了原因。同学们把我的演讲影片放上YouTube，有人观后好奇地问：为什么当时我可以如此正确地判断？

让我告诉你原因，我不是猜的，而是花了大量时间阅读1929年的历史背景和当时采取的措施，然后再和2008年的情况做对比，分析哪些是类似的，有可能重复发生，该怎么应对，以及哪些可能只是一时烟幕。

我是很享受阅读的，广泛的阅读在我做投资决策中起了很大的帮助，有时候，一个数字知或不知，就是一个判断重要方向的关键，所以有人说“魔鬼藏在细节中”。例如，2008年金融海啸发生时，许多媒体提到20世纪30年代的经济大萧条又要重现。我却不这么认为，因为不只是时空背景不一样，许多关键性的数字和发展也不尽相同，我举一个数字说明失业率的高低如何影响经济的荣枯。1930年的失业率是25%，相当于4个人就有1个人失业，这是一个非常严重的状况。而2008年，失业率最高时也只有10%，政府做了许多和以往不同的处理，所以是完全不一样的情况。不了解这个数据和细节的人，就会产生错误的判读。

除了阅读，电影及课外读物对那段历史的描述，也加深了我对当时状况的了解，只要和现在对比，了解它的不同，就比较能做理性判断。当时，美国做决策来补救的这些台面上的人物，例如前中央银行总裁本·伯南克（Ben Bernanke）、财政部长亨利·保尔森（Henry Paulson）等，都是在1929年之后出生的，在经济大萧条时期还是少不经事的小孩儿。要了解当时的现场，最好的方式就是通过阅读，跨过时光隧道，还原历史。

一旦了解当时发生金融海啸的前因后果，一一对比与现在的差异，你就不会在弥漫悲观恐惧的情绪中做出错误决定，就不会像当年惊慌卖出的和积极逢低补进的投资者一样。很幸运地，我是正确判断的那一方，这都要归功于我长年培养的阅读兴趣，特别是课外读物。这重大股灾时在经济和财务上的数字分析及背景探讨，等你以后更有兴趣了解时，我再来整理成文，让你参考如何做理性的投资分析。

阅读让我有了更纵观全局的高度和内心较平衡的良好心理素质，因为投资不只是数字的分析，还有人性的行为判读。课外读物可以让我了解历史：过去发生了什么事，当时的背景如何，是否会历史重现？哲学的东西有时候会帮助你在逻辑思考上有更清晰的判断，连战争史都让我有机会进行贴近人性的观察和获得一些非常有用的启示。等你长大，我们再来探讨财务行为学的一些案例，这个当然重要，因为股市是人为操作的，许多人只关注数字，但不够全面，以致做出的决策无法有良好绩效。

张忠谋因阅读丰富他的专业

根据我多年来的观察和经验，成绩优异的学生基本上都有阅读课外读物的习惯。因为课外读物的阅读，不仅仅是累积知识那么简单，它常是打开他们智慧大门的钥匙。不仅如此，长大后喜欢阅读课外读物的专业人士，通常在他的领域有更杰出的表现。

让我举个例子。中国台湾最大的也是赚钱最多的企业台积电公司，从1987年上市以来，股价成长超过40倍。其执行长张忠谋，当年考取了美国麻省理工学院（下次你有机会到美国波士顿就会发现，麻省理工学院与哈佛大学彼此紧邻，转个弯就到了，这两所大学的大一课程是可以互选的）。他回忆说，他到现在都非常感谢他的叔叔，当年大一时先安排他就读哈佛大学，他在这么一个人文荟萃的环境中，非常享受非专业的通识课程，文学、音乐、历史、哲学课程不仅丰富了他的人生，也提供了他后来的专业可以成就的重要养分。

课外读物提供触类旁通、举一反三的思考多样性，解决生活和工作中困难的逻辑思考和做法，而这些常是教科书无法提供的。我认为，课外读物的功效不一定在当下有立刻明显的感受，但是越到后面，特别是在大学和研究所，就会越加清楚和显著，因为那时，大家比的不仅是单一学科的片段知识，更需要综合性的整理和归纳，甚至包含独立思考的见解和创意的发挥，而这些经常是课外读物才能提供的沃土。

靠解题技巧或记忆得来的好成绩，终究无法茁壮成长，而被残酷的现实和真正的高手淘汰时，或许你还不知道问题出在哪儿。所以，培养你独特的竞争力，就从阅读你喜欢的课外读物开始吧！

小辞典

1929年经济大萧条

大萧条发生于1929年至1933年，是20世纪最严重的全球性经济衰退，绝大多数国家持续到20世纪30年代末期，有的还延长到40年代末期。美国股市历经22年才回到前次的高点，其经济之惨为美国历史上之最。当时的失业率高达25%，许多公司破产、股市崩盘（1929年至1932年损失高达89%），导致许多投资者自杀，仿佛人间炼狱。但也因为这个惨况，美国建立了三大金融法案，包括1933年证券法、1934年证券监管法案，以及1940年投资公司（共同基金）法案。这三大立法，让美国走上全世界最强的金融服务和投资之路。

08

投资的金斧头和银斧头

我们这一生都要学习的功课是：诚实面对自己。因为一个追求诚实报酬的人，比较不会在市场上受到欺骗和伤害。投资和人生都一样，唯有诚实，才可以拥有投资和人生的金斧头！

承恩：

你听过金斧头和银斧头的故事吗？我一直很喜欢这个故事，它甚至影响了我现在的工作，随时提醒我故事中的教训和意义。

我记得，我小学二年级时演过这出话剧，演完时还和林月霞老师及扮演天使的两位美女一起合影，多希望有一天能够找到那张照片，你就会看到我当时应该和你一样可爱。那是我第一次化妆，老师在我脸上擦粉时，我的感觉好奇怪，心想，我是男生耶！我还在话剧中狠狠出了一场糗事，你比我聪明，你会如何应付呢？

人生中的糗事

金斧头和银斧头这个故事，叙述了一位樵夫在山里砍柴，不小心让斧头掉进池塘里。樵夫懊恼地说，这是他工作的重要工具，没有斧头，就没办法工作和维持生计。就在他不知如何是好时，池塘里冒出一位河神，拿着一把金斧头说："这是你丢掉的斧头吗？"

樵夫很诚实地说："不是，我的斧头没那么贵重。"河神又潜入池塘里，没多久，又拿着另一把银斧头上来，问樵夫："这是你的斧头吗？"樵夫依然诚实回答："我那把斧头是铁做的，没那么贵重。"

接着，河神又潜入池塘里，一会儿拿着铁斧头出现，问："这是你掉进池塘里的吗？"

樵夫回答是的。河神非常喜欢樵夫的诚实，于是把金斧头、银斧头连同铁斧头一起送给了樵夫。

这应该是个完美的结局。但究竟当时发生了什么让我感觉难堪而不会处理的事呢？当时老师觉得我才小学二年级，买不起真正的铁斧头，因此找了一把纸糊的斧头，斧头漆成了铁色，杆子是木头做的。由于只是轻轻黏着，我只需要做个样子就好了，没想到我演出得太认真了，我在山里用力地挥舞着斧头砍柴，结果出场没几分钟，斧头和木棍脱离，纸做的斧头飞向观众席，全场一片笑声！

是你的话，你该怎么办？当时我不知道怎么处理，也不能停下来，只好不管全场观众不停的笑声，继续挥舞着没有斧头的棍子演出，一直到工作人员从观众席上拿回纸斧头套在我拿的棍子上。

事隔多年，每每想起，我就问自己：如果时光倒流，我会用什么样的方式来面对这个尴尬场面呢？或许我会双手一摊，叹口气，说句童言童语的话，或者直接对观众说："这把旧斧头果真不管用了，请捡到斧头的叔叔阿姨把它丢上来。"换作是你，你会怎么做呢？

写这封信的同时，我突然回想：当时河神是谁演的？原来老师修改了故事，把河神改成天使，由两位学过芭蕾舞的女同学担任。但其实，这个故事还有一小段，不记得老师是否删了。这段故事就是，樵夫把这件事情告诉了朋友，结果朋友也到山里，故意把斧头丢进池塘，大声说：“糟了糟了，没了斧头怎么工作？”河神听到，便拿着金斧头出现在朋友的眼前，问：“这是你掉的吗？”朋友兴奋地说：“是的没错，就是这一把斧头。”河神听了，很生气地说：“你这个不诚实的骗子，掉进池塘的明明是铁斧头。你自己潜入池塘里慢慢找吧。”说完，河神就消失了，而樵夫的朋友就这样丢了一把重要的斧头。

高投资报酬往往伴随极大风险

这个故事和现实中的理财有关吗？当然有关，你要牢记这个故事，你会发现，许多投资者都梦想着一夜致富，因为无法诚实看待现实的投资环境和所能提供的真实投资报酬，以至于人生付出了惨痛的代价，结果就像樵夫的朋友，最后失去了宝贵的谋生工具。这还算好的，许多投资者甚至倾家荡产、家庭破灭，因为在投资的世界，超高的投资报酬经常伴随着极大的风险，就像高速赛车，一个失控就是车毁人亡。除非你是这方面的专家，而就算是专家，有时也未必驾驭得好，一失手，代价是很惨重的。

那么，该如何保护自己呢？首先要向诚实的樵夫学习，抗拒各种不合理的诱惑。超过自己所能驾驭的，都要学习拒绝和保持谨慎。

现实的投资环境中，多少才是诚实的投资报酬呢？这是一个很好的问题，以后我们再触及较多的数字讨论。你可以先了解，它就像班上同学的考试分数，及格以上的分数代表可以接受或可作为指标，接着再依你学习的进步和能力的增进做调整。以股市来讲，大约只有20%的人可以击败整个股市的表现，美国长达80年以上的投资时间，股市的投资报酬也不过10%，在这上下，都是合理的投资报酬。所以，当你看到有人能提供更高的投资报酬时，是有可能的，但要小心求证。你确定那把金斧头是你的吗？的确有人能做到，但你不要视为理所当然，要小心查证背后的原因。市面上总是有许多广告诉求，用极高的投资报酬诱惑你，让你无法诚实面对自己，那可能是值得注意的陷阱，千万不要像樵夫的朋友一样。

拒绝不诚实的诱惑

我想告诉你另外一个最近发生的故事，可以印证从古至今这样的陷阱都是以高投资报酬当诱饵的。

20世纪80年代，鸿源吸金案导致许多人家破人亡。我公司的档案里记录有一位客户的弟弟，当年就是看上鸿源的高利而把整个退休金都投入，写着几百万的收据最后变成废纸。我把它存了档，当作一个疯狂年代的记录。我告诉许多人，这种事情只要有人类存在，就会不断发生。果然今年又出现了，事实上，我们可以断言，若干年后，这样的事情还会再来，永远不会停止。为什么？因为贪婪是人的天性，它会让我们的人生和投资付出惨痛的代价。

2017年3月，媒体报道指出，“红富海”心灵导师吸金案更一审审理终结，法院认定自称“太仁心灵导师”的负责人黄圆映从2003年开始，就以丰厚的利息为诱饵，到处设立道场，举办各种心灵讲座，7年多来，总共吸金超过172亿，8000多人深受其害。

这个心灵道场原本是由王秋东经营，他向加入者收取款项，每个月支付3%的利息。2003年，王秋东骤逝，留下2亿存款却没有指定接班人，于是，信徒推举黄圆映主持。结果，黄圆映以100万元为一个投资单位，并且好几次降低利息，到2011年遭到约谈时，年息已降为9.6%。

每个月给3%的利息，1年就有36%的投资报酬，除非这是快速成长的公司，就算有，也只是短暂时间可以达到。想想看，银行一年只能给1%或2%的利息，美国这么多国际型企业，长期以来的投资报酬也不过在10%左右或更低，很明显，这个高达36%的投资报酬就是一个不诚实的诱惑。

不要小看美国这500家大公司所谓的“标普500”投资报酬，从1965年至2016年，美国股市接近10%的投资报酬，可以产生172倍的成长。如果你从读小学的6年里，利用压岁钱或做家事获得的零用钱存下6万元（目标6年存6万元，1年存1万元，不要认为不可能，巴菲特高中毕业时的收入比老师还多），这6万元有10%的投资报酬，经过52年，将会产生1032万元的资产，足够为你提供环游世界和增广见闻的资本了。

怎么样可以达到和整个股市接近的合理投资报酬？那就是参与全世界。一流的企业和经济最强国家的表现，就是“股票指数型基金”ETF、美国“标普500”（代码是SPY）和中国台湾“卓越50”（代码是0050）的混搭，这样你就可以用很轻松的方式参与投资。更多和更详细的操作，你可以参考《每年10分钟，让你的薪水变活钱》这本书。此书详述了过去二三十年的历史交易，几乎没有失败过。

如果你对投资有特别浓厚的兴趣，愿意投入很多时间来学习，并接受错误所需缴的学费，就需要经过大量的阅读，了解投资的语言，并且捕捉商业或公司经营的趋势。那个时候，我再推荐你一些书籍进一步进行阅读。

想想看，172亿是多么庞大的金额，8000人受害，就可能有上千个家庭因为贪心而付出惨痛的代价。小时候，父亲教我看清骗局，他说：“你贪人家的利息，别人可要你的本金。”50年过去了，这个教训依然有效！

一生的理财要避免两件事

这样的故事不是今天才发生，用不合理的超高投资报酬来诱惑进而吸金这样的故事，可以说从人类存在就有的，这利用了人类的贪婪。30多年前，中国台湾发生了鸿源地下钱庄事件，我有认识的朋友受害，至今都还未抚平那件愚蠢的事所带来的创伤。

请记得你这一生的理财要避免两件事情，因为一沾上就很难不受伤害。这两件事就是：一、远离“老鼠会”或以高利借款给别人，哪怕是再高的投资报酬；二、避开地下钱庄，哪怕你急需用钱。做到第一件事，可以想想樵夫的朋友因贪图金斧头的代价和故事。做到第二件事，要记得蚂蚁辛勤工作，有储蓄过冬的习惯和纪律。创业和投资时则要记得柔道的故事，懂得防守和保护，万一真的碰上了，坦诚和对方协商，寻求家人、朋友或任何合法管道的协助，就是不要碰地下钱庄。牢记这两点，你可以避开许多难以处理的烦恼！

想想不诚实的樵夫和诚实的樵夫之间天差地远的待遇，我们这一生，每个人要学习的功课是：诚实面对自己。因为一个追求诚实报酬的人，不会在市场上受到欺骗和伤害。投资和人生都一样，拥有樵夫的诚实，你才可以拥有投资和人生的金斧头！

小辞典

“老鼠会”

英文称为“金字塔式骗局”（Pyramid scheme）或“层压式推销”。其运作模式通常为，会员通过介绍其他人加入而赚取酬劳，而佣金来源就是新会员的入会费。这种形式就像金字塔一样，一层压一层。通常该组织或公司并未提供具有足够市场和商业价值的产品或服务，或是以高出市价许多的价格来销售“产品”。这种模式在中国台湾称为“老鼠会”，因为就像老鼠繁殖速度那样快。

很不幸地，这种事永远会不停地上演和发生，因为高报酬的吸引虽是不诚实的酬劳，却是有些人永远学不会的教训。贪心是人类的天性，要不然，这样的模式和手法也不会运作超过百年。

地下钱庄

这是一种进行地下金钱活动的组织，又称为“影子银行”。向地下钱庄借钱，必须支付相当高的利息，很短的时间内就会使欠款暴涨，往往令欠债人承受不了。通常地下钱庄由黑道经营，经营和催讨款项的手法也都极为恶劣，也是不法的。

09

为自己负责的习惯养成

致富是通过勤劳与节俭。没有节俭，哪来的储蓄？没有储蓄，哪来的钱投资？储蓄为什么重要？这是埋下致富的第一颗种子。而没有为自己负责的习惯，就没有这个纪律和规划可以做到储蓄，因为现代人的诱惑太多了，需要的东西不多，但是想要的东西很多！

钧凯：

那天请你们全家在景美的一家咖啡厅共进午餐，在拥挤的台北市，难得可以看到景美溪边的山樱花。我们一边用餐，一边听你爸爸说，你到图书馆借了一堆童话的理财故事书，让我吓了一跳。你接触理财书是自己喜欢，还是受了爸爸影响呢？你小时候最喜欢的课外活动是什么？

我小时候不知道是调皮，还是家里没钱买玩具，户外运动特别多，看到好奇的事情都会去尝试，我想这是老天爷给乡下小孩儿特有的恩赐和福利。

当茄苳树长满一串串小果实时，我们会买一根细竹子，做成所谓的“噗子枪”，两颗茄苳的小果粒一前一后塞在竹管里，再将筷子当作推进器，一端塞进在另一节较短的竹子，再把前端弄平或弄钝一点儿，以便它在竹管里可以紧密结合。这个玩法就像现在的BB枪，只是没有那么大的冲击力。

而到了凤凰花开，毕业的季节，蝉鸣鸟叫，鸟儿不好抓，蝉就容易多了。一样靠竹子，前端绑着一根竹扫帚的细枝条，细枝抹上黏苍蝇的黏合剂，就可以在树梢上找寻蝉的踪迹。但这个做法会破坏它们的双翼，最好能抓到金蝉刚脱壳的。

你看过蝉脱壳的样子吗？因为它们的壳是金黄色的，脱壳之后还是完整的空壳子，栩栩如生，不清楚的人还以为是真的。看过这一幕，你就会很容易记住“金蝉脱壳”的故事了。有一天，我在鲤鱼山步道运动，听到了关于蝉的解说，得知蝉要在地下待7年才会爬上来，瞬间为儿时捉蝉的调皮行为感到歉疚！

小时候调皮的故事实在太多了，连抓田蛙，我都可以得到和理财或商业活动有关的启发。

看电影的收获

娱乐活动为我的童年带来许多乐趣和回忆，还意外养成我的一个好习惯，你猜猜是什么呢？不是游泳，不是钓鱼或抓泥鳅，更不是做小生意赚零用钱，而是看电影。我在美国的某年冬天，曾看过侯文咏的一本书，他谈到自己可以完成繁重的医学院课程，竟然也是得力于想看电影的动力，我不禁为两人有这样相同的成长背景会心一笑。

在国际上大放异彩的导演李安也是其中之一，听说他小时候就很喜欢看电影。在我那个年代，电影是最能吸引大家的重要娱乐活动，虽然那时没有电视、电脑，也没有手机，却是我最快乐、最享受的时光。很高兴那时没有电视，要不然我的童年一定失色不少。

那时，过新年有几件重大的事情：一是准备年菜和郑重地祭祖。我们每一笔纸钱，也就是所谓的冥币，都包好，用毛笔字写上祖先姓名，还会记录附上的金银元宝有几个。这还不够，外面写好的封套还会洒上鸡血，像是现代人的用印，以示郑重和金额无误。二是要买新衣服。小学二年级时，我曾因为不满意新衣款式，在和平街（当时办年货最热闹的一条街）的商店里哭闹不已。现在想起来，觉得不可思议，我小时候怎么那样顽皮？三是除夕夜开检讨会。这是小孩儿最痛苦却又不得不进行的活动，但痛苦之后就会迎来快乐的几天。四是大年初一开始看电影。这时安排的电影几乎都是强档，座无虚席已不是事实，因为不仅没座位，连站的位置都被占了，甚至进场和出场我仿佛都不必走路，人可以被夹着移动。

为了看电影可以不惜牺牲任何代价，也从电影中学到了时间管理和自我责任的要求，没想到看电影也培养了我不同的学习态度、不同的自我管理方法，为什么会这样呢？

为了看电影，学会时间管理

你听过《伊索寓言》中“蚂蚁与蟋蟀”的故事吗？

森林里有一只不喜欢工作的蟋蟀，总是吱吱地高唱着，十分得意地到处玩耍。它每次看到蚂蚁汗流浃背地把粮食搬进洞，就会说：“不要只知道工作，好无趣，一起来玩耍吧。”蚂蚁说：“现在如果只顾着玩耍，冬天怎么办？”秋天一过，寒冷的冬天终于来临，大雪盖住整座森林，世界变成银色的，但也找不到食物了。蟋蟀好几天没东西吃，快饿死了，它想到去蚂蚁家要点儿吃的。当蟋蟀敲开蚂蚁的门恳求时，蚂蚁说：“你不是觉得工作很无趣，只喜欢玩耍吗？那你在雪地里玩就好了！”

这个故事给你带来什么样的想法和启发呢？蟋蟀比较注重的是眼前，关心“现在过得好就好”，它不是不知道冬天迟早会来临，只是讨厌工作，能拖就拖，但最后还是要付出惨痛代价。蚂蚁则是放眼未来，先做完工作，再来享乐。

我小时候和很多同学一样，常让不情愿做的事情一直延后，以致经常挨骂，严重时屁股还要印上几条痕迹才会行动。而爱上看电影和了解这个故事“先苦后乐”的道理后，发现如果是迟早都要做的事，不如用心早点儿做完，接下来就可以开开心心做自己想做的事。那时，我就是做完功课，赶去看晚上7点的电影，9点电影结束后，我走10分钟的路回家，再整理明天要上的课。

疯狂时，我有时一个礼拜看3~4场电影。这面临两个挑战：爸妈怎么会同意，哪有那么多零用钱？第一，我采用了责任制。我功课做好了，也没有耽误学习，为了晚上看电影，上课就要专心听讲，时间很宝贵呀（因为自己可以支配，才特别有感觉），时间管理得好，多出来的就是自己玩耍的时间，再加上我的成绩也还不错，印象中父母并没有反对的理由。

倒是零用钱不够，让我伤了一阵脑筋。但我个子小，有个不需要门票的方法，大人买票时，我会拉拉大人的衣角说："叔叔可以带我进去吗？"这样，我通常10次有8次能成功，这样说，可能会把爸妈吓坏了。那时候大家穷，可能也没想过要绑架谁，加上是公共场合，而且不过是一场电影的娱乐，坏人也没兴趣在这个场合出现。

等我个子再高一点儿，记得看一场电影要2元，这时就要动脑筋赚零用钱了。是的，我大概5岁就开始赚钱了。年纪再大一点儿，个头儿高些了，同学之间就会互传可以从电影院的哪个角落翻墙进去。台东鼎盛时期约有6家电影院，我大概都翻过墙，只是电视出现后，电影院全消失不见，就算现在要补票赔偿也没机会了。有一阵子我很怀旧，还会在旧电影院面前徘徊。台东最近成立的一家电影院设在高楼中，像我们当年那么调皮使坏的机会都没有了。

没想到当年疯狂看电影的喜好，养成了我时间管理和自己为功课负责的好习惯。我会将要做的事情按照顺序，订出计划，再安排好时间。在时间内做该做的事情，既有效率又有秩序。但坏习惯就是太调皮使坏，同学说爬墙被抓到会被画上大花脸，我运气好，没被画脸罚站，但你可不能学我噢！

储蓄是为自己负责的表现

我还有另外一个好习惯，就是从小学起就对钱有储蓄和管控花销的概念。这一点很重要。为什么?

因为想要的东西很多，但收入只有一点点，就跟每个家庭的情形一样，一份收入有很多用途需要支出，像是生活费、医药费、学费，还要把钱储蓄起来作为投资之用。等到我成为财务规划师，发现很多理财失败的人通常是预算管控出了问题。

犹太人在时间管理和储蓄方面，与中国人非常接近，他们的成功说明了这是一个值得保留和发扬的好习惯。犹太人认为，一亿元也是从一块钱开始累积的。中国人所说的“万丈高楼平地起”和“积沙成塔”，都和犹太人的观念有相同意义。

犹太人的父母教导孩子，再大笔的金钱都是从一块钱开始累积，如果金额小而不懂得珍惜，会东花一点儿、西花一点儿，就算很会赚钱也无法守住，很快就会花光。所以就算是一块钱，也要了解这是父母辛苦赚来的，不可浪费。懂得珍惜一块钱的人，以后就算成为大富翁，也不会随便浪费钱，这样就可以将努力赚来的财富有习惯地永久保留了!

例如，世界大富翁之一巴菲特，目前住的房屋还是几十年前买的。巴菲特和世界首富比尔·盖茨（Bill Gates）来中国吃麦当劳时，坚持要请客，还拿出折价券来折抵，任何省钱的机会都不浪费！

因为致富都要通过勤劳与节俭。没有节俭，哪来的储蓄？没有储蓄，哪来的钱投资？储蓄为什么重要？这是埋下致富的第一颗种子，没有这颗储蓄的种子，你的金钱树将无从发芽，更别说长出来。

那么，储蓄和自己负责的习惯有什么关系？没有为自己负责的习惯，就没有这个纪律和规划可以做到储蓄，因为现代人的诱惑太多了，需要的东西不多，但想要的东西却很多呢！

这些年来，到我办公室实习的年轻朋友很多。有个现象很明显，有储蓄习惯的人通常是从父母那里了解或看到赚钱不容易，他们表现出来的纪律性很高，对自己的人生也较有规划。而家境富裕的人，仿佛只要负责念书和花钱就好，这些随性的习惯在进入职场后，会付出惨痛代价。

懂得储蓄是一个观念，也是一个习惯和结果，它代表自己就只有这么多资源，用完就没了，不能仰靠别人或父母。所以资源多的时候，要为有一天不足时做准备，有这种想法和习惯的，都是一个肯为自己负责的人。

让财务自由的要诀

储蓄的目的就是要财务自由，想做到这点，必须有10个认知和好习惯，要诀主要有四：信念第一，工具第二，做法第三，正确管理第四。

一、确立财务自由是必须达成的目标和坚定信念。事情的难易常取决于当事者的态度。有人说，从愿意为一件事情牺牲的程度就可看出这事成功的概率有多大。如果财务自由是可有可无，那么随性的结果通常很难达成，唯有了解它的重要，确定目标，坚定信念，那财务自由一定可以通过方法和努力达成！财务自由是必须达成的，通过方法和努力一定可以达成。

二、换上有钱人的脑袋。随时提醒自己，人只有两条腿，钱有四只脚，要让跑得快的金钱也努力干活。成为有钱人，通常不是靠高薪，而是要借助收入，经由储蓄，转换成会钱滚钱的投资，才能获得足够惊人的被动收入。而要达到财务自由，脑袋决定行动，换上有钱人的脑袋吧！

三、全力抢下第一桶金。有了信念，还需要借助工具。要有日后可以乘凉的大树，需要先埋下小小的种子或树苗。人可以工作，钱也可以干活，第一桶金就是不可或缺的树苗，那么在健康第一，不出卖灵魂的情况下，就要全力抢下第一桶金。

四、不断精进专业能力。第一桶金可以有好几个来源，而投资自己的专业和能力，带来的常常不是一桶金而已，是源源不断的矿脉。

五、不管收入多少，一定要有20%以上的储蓄。只有记账、了解开支的动向是不够的，与其花大半天时间记账，却没有钱可储蓄，不如采用最直接、最有效的方法，就是将每月收入的20%~30%，强迫性地存进财务自由的投资账户，剩下的再分配各项开支，这是一个没有折扣和妥协的习惯。

六、不断找寻扩大收入的来源和方法。提升和精进自己的专业，所得到的酬劳是流向第一桶金的主要管道，而有多余的能力和时间投入自己兴趣范围内的“副业”，是加速拿到第一桶金的支流，也是小兵立大功的角色。

七、纪律性的投资。正确的投资是达到财务自由的加速列车，也是最关键之所在，摒除贪、怕、没有耐心的纪律性，是正确投资的重要元素之一。在风险承受的能力范围内，养成纪律性的投资，切莫因股市下跌而停止，周遭人群越是恐惧，可能越是好的机会点。我曾提过的阿甘投资法及利用中国台湾经济指标作为进出参考的战术，或与美股混搭，中长期下来，几乎没有失手过，成绩也在水平以上，值得投资者参考。详细请参阅《每年10分钟，让薪水变活钱》一书。

八、追求诚实的投资报酬。致富秘诀不在于短暂而不持续的高报酬，而在于稳定的复利成长，注意自己的强项，并了解自己不能之处。个股的挑选和分析需要理论和经验的融合，未必是多数人的强项，投资全球一流的企业或有竞争力的国家，追踪整个股市的指数基金是首选。这样，虽然达到财务自由的速度慢一点儿，但其成功概率远大于只靠小钱而想通过操作技巧滚成大钱。随时提醒自己，向不当的贪婪——它常是投资惨败的主因之一——说“不”，将这个思维植入脑海，变成自然反应的习惯。

九、活用资产配置的投资战略。资产配置是一个防守与攻击并重的投资战术，看起来输在起跑点，但其实赢在转弯点。美妙的是，它可以依个人的风险承受力来量身定做，摒除了贪、怕的天敌，如果懂得活用，主动型和被动型的投资都可以更上一层楼地发挥。详细内容请参阅我的《你没学到的巴菲特：股神默默在做的事》一书。

十、追求均衡的人生财富。只要有坚持目标的信念、合理的储蓄和正确的投资持续进行，达到财务自由并不难。前面的速度会慢得让你怀疑，后面又快得让人讶异，所以随时提醒自己要追求均衡的人生财富，不然得到了财务自由，可能错过了其他人生的精彩。均衡的财富才是人生真正的财富。

变成有钱人的途径

总的来说，要变成有钱人通常有3种途径：

第一种途径，就是通过勤劳与节俭。只要养成这个好习惯，我可以非常肯定地说，你会加入有钱人的行列，而且越早开始，这习惯就越容易养成，成功机会更大。因勤俭而获得的财富，再转入投资的管道，不必高，只要有合理的投资报酬，你会看到它像金钱树一般不停地成长和茂盛。

第二种途径，有些人可以用较少的钱找寻好的投资标的，不停地利用复利的奇妙效果，在稳健中成长。这个难度比第一种来得高，因为要找到好的投资标的，本身需要大量学习和经验，更何况还要练到在稳健中成长，这个难度又更大。

第三种途径，掌握机会或利用自己的优势来创业。这需要有一些良好习惯的养成，因为能成功创业的人，往往拥有他所需要具备的特质。

以上这3种途径都需要好习惯的养成，只是方式不一样。第一种最容易，所以我希望你先从这里开始。但要提醒你的是，有钱人不代表富有。为什么呢？因为能够拥有人生5个球的均衡，才是真正的财富。你可以先想想你的答案，再和爸妈讨论，这样你就会了解差别了！

那么，有谁可以做到既是有钱人，又是富有的人呢？巴菲特做到了，而且上面3种致富方式，他都充分利用了，这是一件很不容易的事。他是我学习的对象，我们一起努力噢！

小辞典

巴菲特的耐性纪律

股神巴菲特可以为一个好的投资标的长期等待，他认为人一生中只需要几个重要的投资决定。他的耐性惊人，数字分析能力极为优异，他认为所有公司的价值分析必然有合理的数字在支撑，因此他会在此基础上做理性决定，同时摒除贪、怕，有纪律地逢高卖出、逢低补进，这是他成功投资的关键。

10

学习认识自己

投资会不会成功不在于你的专业，也不在于学历有多高或多聪明，关键在于有没有用对方法！成功的投资者都有自知之明，他们在投资上已摸索出什么是自己的强项、什么样的投资工具或方式不能碰。这个自知之明看似简单，却是最重要的关键，了解此点，才能充分发挥优势。

沉臻：

我在台中举办过两次新书发表会，你妈妈参加了两次。和你碰面的那一次，因为我要赶搭高铁回台北，我们没机会好好聊一聊。从你妈妈口中得知，你对足球、篮球、乐高和音乐都有兴趣，你知道你喜欢的乐高这家积木玩具公司，曾经濒临破产又逆转成功的原因和故事吗？你知道你的强项在哪里吗？

认清表面价值与实际价值

在一次投资座谈会中，我问在座的来宾：有自知之明容易吗？

70%以上的人都说不容易。

《伊索寓言》里有一个故事。一只鹿来到池边，想喝口水。它一边喝水，一边看着自己在水中的倒影，不禁得意地说："我的鹿角多么美丽、坚韧又巨大呀！"但低头看到自己的脚时，它又不禁叹息地说："我这四只脚未免也太细、太瘦弱了！真是一点儿都不匹配。"

就在它自言自语的时候，背后传来狮子的吼声，一头狮子突然朝它扑来。它大受惊吓，拔腿就跑。幸好附近没有树木，地形空旷，它以最快的速度逃走了。

鹿继续前进，想躲进森林里，没想到巨大而有弧线的鹿角和树枝卡在一块儿，它越慌就越纠缠不清，结果动弹不得。不久，狮子追了上来，抓住了鹿。

鹿很后悔，哀怨地说："原来我一直瞧不起的四只脚，才是救我命的真正可以依靠的力量。而我一向十分自豪的一对鹿角，却要了我的命！"

可惜的是，当它明白时，已经太迟了。

这个故事听起来简单，但背后真正可以让人反省且需要注意的道理，很容易被人忽略。就算是大人也会不断地犯下这样的错误。因为表面价值有时和实际价值未必一致，我们经常会被表面华丽的东西吸引，而忽略了本身真正的强项和内在的核心优势，如果不能清楚认识自己，就无法发现这样的价值，给予充分的发挥和利用！如果你能够牢牢记住鹿儿所犯的错误，能够从中及早探索并发现自己的强项和弱项，诚实面对自己、随时提醒，那么以后成功的机会就大得多。

任何人的强项都有极限

你可能会觉得好奇，为什么自己引以为傲的优点，反而变成害了自己的致命缺点。这是多么讽刺又难以理解呀！

在我进一步探讨这个故事背后的道理之前，你可以告诉我你的想法和观察吗？

前阵子我看了《弱势大赢家：刘邦大传》一书。你一定觉得很奇怪，弱势怎么可能变成赢家的条件呢？其实，如同我前面强调的：有时候表面价值和实际价值未必一致。

我就以你喜欢的球类竞赛做类比。篮球界里你最欣赏的球员是谁？或许你听过迈克尔·乔丹（Michael Jordan），他每推出一款篮球鞋就会有人抢购，他创造了美国很多纪录。再以最近退休的小飞侠科比·布莱恩特（Kobe Bryant）和表现相当稳定的斯蒂芬·库里（Wardell Stephen Curry）为例，这几位篮球巨星对自己应该都很有自信，但如果他们都骄傲地认为自己很有运动细胞，就算去踢足球也不会有太差的表现，你认为他们挑战世界足球冠军队是赢的机会大，还是被痛打的机会大呢？这几位篮球巨星也都喜欢玩别的运动，但他们都很谦虚地表示，其他球类只是玩乐而已，虽然有良好的运动细胞，表现比一般人强，但不会超过那个运动领域里的顶尖选手，挑战冠军足球队就无法表现自己的优势，也不会是他们的对手。

基本上，这些专业球员并不会做出这样的错误判断，他们能认清自己，因为不同球类的差异度非常明显。困难的是，一旦进入幽微不明的不同领域，许多人常误以为凭着自己的聪明依然可以有亮丽的成绩，却忽略了其实任何一个领域都需要专业和经验，以及时间的累积。若不了解自己的强项也有其极限，就像鹿角虽然美丽，却导致鹿儿无法在树林里来去自如，可能因此付出代价。这就是我这封信要提醒你的地方。

麦克阿瑟将军的为子祈祷文中，有一段是这样写的："主哇，请让他知道，认识自己是一切的基石。"一位久经沙场，闻名于世的将军都希望他的孩子能够了解，认识自己是多么重要的一件事，可见这不是一件简单的事。

投资关键在于用对方法

然而，许多聪明并不是一般的聪明，因为顶尖聪明的人也会在投资领域付出惨痛的代价。著名物理学家牛顿曾在股市投资中惨赔，他自嘲，自己能算出天体运行的轨道，却算不出人类投资的行为。

1998年，曾获诺贝尔经济学奖的迈伦·斯科尔斯（Myron Scholes）和罗伯特·莫顿（Robert C. Merton）

所创立的长期资本投资公司（Long-Term Capital）竟然破产了。我碰到的许多极优秀的工程师、医生、企业家或会计师等专业人士在投资上的成绩，也是惨不忍睹。为什么会这样？原因当然不止一个，但都有一个共通的盲点，那就是他们都认为自己很聪明，在自己的领域有这么好的表现，那么投资有什么难？

我说过，投资会不会成功，不在于你的专业，也不在于学历有多高或者多聪明，关键在于你有没有用对方法。成功的投资者都有自知之明，简单来说，他们在投资上已摸索出什么是自己的强项、什么样的投资工具或方式不能碰，这个自知之明看似简单，却是最重要的关键，了解此点，才能充分发挥优势。此外，对于自己的强项也要谨慎看待，不要像鹿儿一样被自鸣得意的强项毁灭。至于不满意自己的地方，也不需要自卑，只要慢慢寻找，终能显现优势并有一番成就，就像鹿儿的飞毛腿。

切记，投资理财这个领域可以很简单就成功，也可以做很复杂的投资却失败，不管你多聪明，不要误以为聪明就能驾驭所有事情。你只要掌握两个原则：一、投资前要充分了解；二、不要投资自己不熟悉的东西。记住这两项原则，你便能大幅降低犯错概率，也意味着可以大幅提高成功的机会。

理财是现代人必备的生活技巧，如果对投资没有太大兴趣，你可以用投资整个市场的简单方式享受经济成长带来的获利，却又不需冒太大的风险，这种工具就是指数型基金ETF。这是一种被动式投资方式，可以避开自己对财经或投资领域不熟悉的弱点。我们要随时记得池边小鹿的故事和它的教训！

乐高成功的秘诀

你喜欢的乐高玩具公司，曾经因为快速扩充，投入许多不熟悉的业务而失去竞争优势，以至于在2003年欠下8亿美元，濒临破产，但后来通过重新检视自己，找到自己的核心价值和强项，扭转了恶劣的局势。

乐高（Lego）源自丹麦用语“leg godt”，拆开后的意思是“play well”，也就是“玩得好”。这个词在拉丁文中有“put together”（拼起来）的意思。

乐高玩具的成功秘诀，可以写成一本书。你能说出你的观点吗？我发现，它至少有6个关键因素，这里只提两点，其他的就要由你观察和分析了。因为一个好的投资者或成功的管理者，都要具备搜寻资料和分析的能力。没有人可以生下来就具备，都是通过学习得来的，不要期望能生而知之，这种天才是少有的。有时候，学而知之或困而知之，所得到的收获会更大。以后我们再交换彼此的看法有哪些异同，这可是你今年夏天的功课噢！

我认为，乐高成功的其中两个关键因素如下：

一、完美质量的追求和管控

乐高的诉求是“只有最好才是够好”（only the best is good enough），这不是口号而已，他们实践了这个精神，把玩具当成精密工业。乐高公司成功的关键之一，在于难以模仿的完美质量，他们以精准的工厂模型，制造误差不超过0.002厘米的积木玩具。其出产的每块积木，内部都有3个数字，可以立即追踪到生产的模具，只要出现瑕疵，就能马上找出问题模块并进行修复。所以数十年来，乐高始终以“完美的积木”领先其他竞争者。

二、乐高的不可取代性

乐高能让父母和小孩儿一起趴在地上玩积木，这是极其宝贵、难以估算的价值，所以它贩卖的不仅是精密的产品，还是一种全家的跨世代的有共同美好记忆的游戏。孩子就像是掌握自己命运的建造者，通过积木块的组装系统，可以在积木上展现无限创造的可能，靠着自己的能力、想象和摸索，成功拼凑出不同的建筑物或心中的蓝图，这也是成就感和信心获得的来源。在经济不景气时，家长都还愿意把这种具有教育性的产品列为优先考量的产品，展现了比其他竞争者更强的优势。

乐高的故事还很精彩，特别是碰到困难后找到自己的核心价值、浴火重生的转变。你的未来不可能不碰到困难，而你喜欢的乐高玩具公司正可以成为你学习的楷模。

小辞典

破产

中美两国对于破产法各有定义，个人破产和公司破产亦不相同。破产，简单地说，就是不能偿还债务，就算变卖资产也不足够的时候，依“破产法”第五十七条规定：“破产，对债务人不能清偿债务者宣告之。”在中国台湾，个人破产并不容易，因为所谓“不能清偿”，必须在财产、信用、劳力三者均无法提供清偿债务的情形下，才可能符合破产的条件。但一般人只要还有劳力可以赚钱，通常不能申请破产。一般人宣告破产成功的案例也较少。

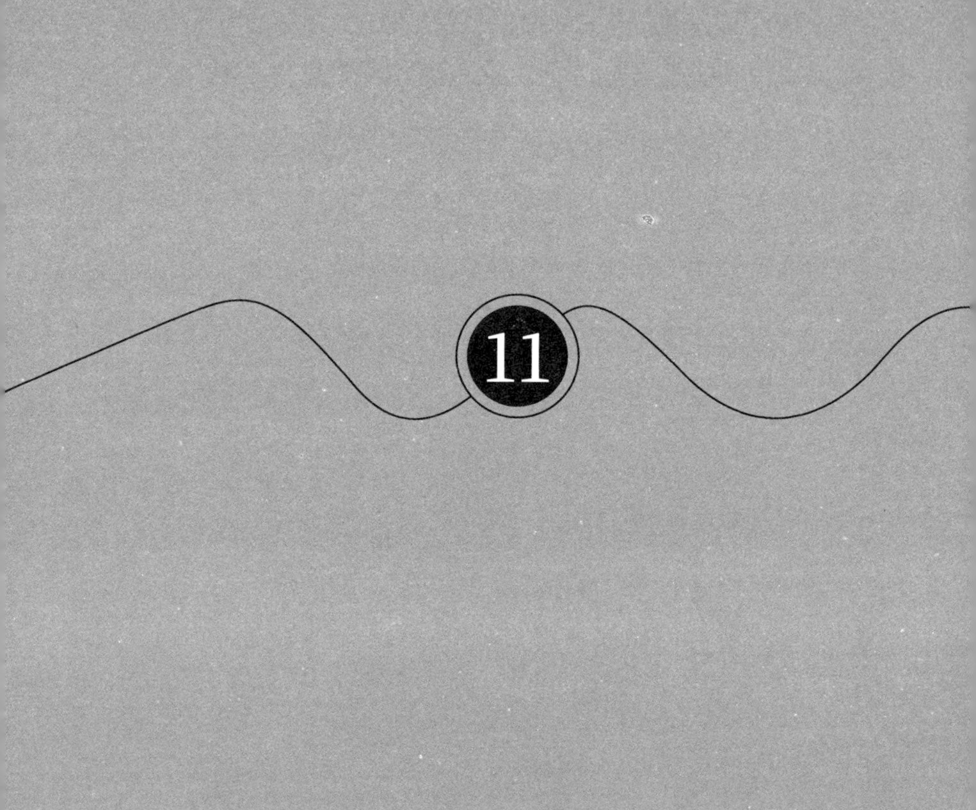
11

会做生意的小孩儿难产的密码

创业不简单，但也没有想象中困难，只要从小开始学习，做自己能力范围之内的事，等到累积足够的失败和成功经验，就比许多人更有成功的条件。中国台湾有句俗语："会做生意的小孩儿难生。"也就是说，会做生意或懂经营的人比较难培养。其实，不是会做生意的小孩儿难养，而是他们会比别人更早学习和摸索。

咖褆：

上次我在台中的第二本新书发表会，是在百货公司的书店里，你爸妈带着你们全家来听，不知道你们是因为美食街的吸引力，还是真的想听我对投资理财的看法。听你妈妈说，你是家里对创业、投资和商业最感兴趣的一位，我很好奇你为什么会有这样的念头和想法。

中国台湾有一句俗语："会做生意的小孩儿难生。"就是说，会做生意或懂经营的人比较难培养。你同意吗？为什么呢？我的经验及多年来的观察，与企业家马云的看法很相近，他说："学校不是培养企业家的地方。"而我们多数人的学习过程，从幼儿园到大学，甚至博士，学习的渠道和环境都是在学校，课堂上知识性的传授是不足以让你成为好的经营者的，因为这样的知识太碎片化，也没有实践经验的培养和印证。知识和实践这两者之间还存在一个缝隙，这常是理论派的盲点。我来说一个我小时候的故事。

学习需要理论与实践相辅相成

大约是小学三年级，我的课本中提到，一只母鸡生了一窝蛋，孵着孵着，不知哪里来了一颗长相不一样的蛋。时间到了，所有的小鸡啄破蛋壳而出，其中有一只的嘴是扁的，毛长得和大家都不一样，走路左右晃动，脚也长得和大家不同，而且所有的小鸡里，只有它会游泳。从课文的插图可以看出，原来它是一只小鸭子。

我的父亲看完那一课，哈哈大笑，说这编者一定没有养过鸡和鸭。他问我有什么不合理的地方。小时候，我们家客厅即工厂，每个成员都要帮忙家里小生意的各项劳务，我们家除了烟酒饮料的零售，还有一个“大生养鸡场”，以及孵蛋器，帮客人提供代孵蛋的服务。记得那个孵蛋器是我父亲根据资料请人定做的，里面有电阻加温设备，木箱上面刚好是一张床的长度，冬天睡起来特别舒服，类似中国北方的烧炕（利用了窑烧饭时的热气通向床铺的做法）。

那个年代的设计经常是一物多用，自然不会那么先进，还没有自动化的概念。所有小孩儿都要轮流为蛋翻身，一天三次，主要是让蛋的正反面均匀受热，而且要定时检查温度计，一超过标准，就要赶快报告大人。

时间到了，可以感觉到蛋里面的小鸡用它的尖嘴戳出一点儿裂痕，再多一天，小鸡就有力量把裂痕变小洞，接着小洞变大洞。这时，我就可以帮小鸡把洞口再拉大，必要时协助小鸡把头拉出蛋壳外面。再经过大半天，它原本湿漉漉的毛发干了，就变成一只毛茸茸的可爱小鸡。

我们在每一个蛋壳上会标记入孵蛋器的日期，如果时间到了小鸡还没出来或不会移动，就会把蛋靠近灯泡看看里面的小鸡是否还活着。和人类一样，小鸡也有正常的孵孕期，通常是21天，而小鸭要28天，鹅的时间就更长了。

课文的原意是希望小朋友能够了解小鸡和小鸭的长相不同、生活习惯不同，生活在一起时鸡同鸭讲的趣事。不过因为编者没有实践经验，以为小鸡和小鸭的孵化期都是21天。如果他有经验，或许下笔时就会强调母鸡会为那个长相不一样的蛋特地多花7天孵化，这样就能解释得通了。

我要说明的是，学习需要理论的指引，但更需要实践中的验证。只有理论，没有实践训练，印象不深刻，也不知道问题出在哪里。

小规模创业，从失败中学经验

学校大多欠缺实践机会，学生长期单方向地接收知识，却没有把单向的知识转换成经营所强调的整体面。因为做生意要面面俱到，市场、产品、营销、人事、管理、财务的掌控，当中只要一个环节出问题，就可能失败。这通常只有当过老板的人感受最深，从小接触生意经营的人对此也更有历练和观察。

一般的学校教育着重在教科书上，这些理论并没有真正告诉你成为经营者的关键。唯有通过实际操作，你才会发现密码躲在某个角落。简单来说，会做生意的孩子不容易产生，原因是缺少历练。而整个教育体系也没有培养企业家或鼓励成为企业家的途径，许多人念完大学去考公职，剩下的人丢简历找工作，会创业的人往往是因为某个因缘巧合。

但如果把这个训练和学习的时间往前提，我想结果会大不同。就算不创业，在工作上也具备较为宏观和全面的看法，若有意愿更上一层楼，也有担任管理人的条件，对这些挑战会既不惧怕，也不陌生。

我就是其中一例。我几乎是一路创业到底，从小学开始，每个阶段都有创业的影子。我想，主要原因是：不陌生，也不怕创业失败。我开始的资本就是买《王子》杂志的成本10元钱。大生意不敢说，小生意只要掌握几个原则，像不浮夸、实事求是、勤奋、事先评估，并了解自己可以成功的利基，碰到困难就找方法，基本上成功的机会都很高。

我同意一位企业家说的，他鼓励孩子创业一开始由小规模做起。他认为失败的创业，大事业和小生意所学到的教训差不多，但小生意学费低廉得多。除此之外，我觉得你们应该尽早在年轻时就尝试，因为开始的规模通常不会太大，在可承受的范围内有失败的经验，也有助于对问题的探索和调整，然后重新出发。如果成功或做出心得，就会建立起找对方法的运作模式，开始稳健地成长。

大订单与价格破坏战

我是一个投资管理者，经常需要面对一些事业经营的评估，而当年这些小小生意的创业心得，对我判断的敏锐度和正确性有了相当大的帮助，以英文来讲，它就是有一种所谓的“sense”（感觉），这正是许多没有接触事业经营的人难以体会的。

记得小时候的顶级长寿烟一包10元，有人抽不起，于是我们应消费者的要求把一包烟拆开来零卖，一根烟说不定就要卖到1.3元。一包烟卖完了，利润多出了30%，你说划不划算？一包香烟有20根，拆开来一根一根慢慢卖，利润可能比卖一整包多出30%。不过，因为是零卖，数量毕竟少，零卖10根可能赚5元，一整包卖可能只赚3元，可是，一天或许可以卖上10包，总获利是30元，毛利虽然比零卖来得低，整体获利却较高。所以，大笔交易还是比较好的，例如婚丧喜庆的大批烟酒买卖。

平日你或许只能卖掉两条半的香烟、十几瓶酒、几瓶黑松汽水，但如果能接到婚丧喜庆的订单，一桌一条香烟、半打啤酒、三瓶汽水，席开一二十桌，营业额就令人雀跃了。前提是需要有一笔资金，因为烟酒公卖局要现金才给货，买方却必须等到喜酒结束才有钱支付这些烟酒费用，如果资金不足，这时就必须向别人借钱付利息。有时出现大笔交易时，对方会要求折扣，于是单笔利润下降，不过，总获利还是值得辛苦一下的。

但如果买方是熟人，而我们既是供应商又是宾客，那么汽水我通常是毫不留情地喝。有位作家说过，喝到幸福打饱嗝。难得可以如此畅饮，而且又是别人付费，我就尽情喝了。不过，喜宴结束的善后工作就累人了，我们倒也挺喜欢。因为在那个物资并不宽裕的年代，孩子们都知道要养活一家六口很不容易，所以虽然有时因工作必须牺牲玩乐，即使抱怨也会乖乖地完成工作。

记得有一次，我家接到喜宴订单，那个黄道吉日不是周末，而是在上课时间的中午。当时我小学五年级，便利用中午吃饭时间赶回家，向对面的大户邻居借了三轮车，骑着车去请念高中的二哥回来帮忙。我记得三轮车上塞满了烟酒，二哥在前面踩着，我和父亲在后面推着。事隔40多年，我每次散步经过中华路的快乐林餐厅旧址，总会不自觉地抬头望一下，那是幸福童年的所在，只是走着走着，还是觉得当年推车的吃力感依然存在。

创业有风险，回报率也高

创业要成功绝对不轻松，要付出许多心力，辛劳程度也远超过按时上下班的工作。然而，一旦创业成功，投资回报率也很高。创业有它的风险，但如果你是从小学习，由小而大，小车开得好，不能说一定就会开大车，但会比较容易上手,而且不会惊慌，也不会惧怕。

一旦成功，回报率高，就有机会可以实践自己的理念，拥有有弹性的工作时间，而且依能力奖赏自己，永远不必有看着下班时钟的无奈的等待，可以拥有自己要的活力人生。创业的确不简单，但也没有想象中困难，只要从小开始学习，做你能力范围之内的事，等到累积足够的失败和成功经验，就比许多人更有成功的条件。

我当年的创业是从10元一本的《王子》杂志开始的，你呢？相信你会发现，不是会做生意的小孩儿难养，而是因为他们没有尽早学习和摸索。祝福你的创业之路充实愉快，而且收获满满！

小辞典

价格破坏战

“价格破坏战”是指竞争者用降价的方式抢走客户，以扩大市场占有率。一般投资者并不乐见两家公司进行价格战，因为杀敌一千，自损八百。而且两家公司降价也会使得产品的利润降低，消费者未必是最后赢家，因为一方倒下，胜利一方在没有竞争对手的情况下就会提高价格，消费者完全没有选择余地。

12

滚出人生财富的雪球

致富的道理其实就像“龟兔赛跑”，很慢但很稳定地累积总报酬，经常是好过快但不稳定的投资。不管是主动还是被动投资的操作，找寻平坦和缓的长坡才容易滚出财富的大雪球。“耐心”和“安全”，是许多人在追求财富过程中最常忽略的两个秘诀。

米菲：

我的第二本新书发表会，有一场是在永康街旁的金石堂书局，当时你的爸爸和姑姑来了，不过感觉他们在永康街的美食区待的时间比在会场久。我进会场最讶异的一件事，就是看到两位像小学一年级的同学在场。我想，应该是家长走错房间了，没想到这两位小朋友竟然听完全场演讲。原来他们受到爸妈学商的影响，从小就可能已经对投资充满兴趣。你爸爸对投资也很有心得，最重要的是，你奶奶从小就教导你爸爸要有金钱预算观念，相信你以后也有可能成为一个小富婆！

投资世界存在许多“龟兔赛跑”现象

说到投资，说不定你知道著名投资奇才巴菲特，他说过一句非常有名的话。这话很简单，可是许多投资者未必能悟出它真正的道理，等发现时，可能学费已经缴光而无力再投资。

这句名言是：“找到雪球股，再找到湿漉漉够长的坡，让它滚出一个大雪球的财富。”你爸爸的兴趣之一，就是整天去找雪球股，这部分不在我们今天的讨论范围内，我们先把注意力放在如何找到湿漉漉的长坡。这道长坡在什么环境下才可能存在？我们要用什么样的心态才能发现它呢？

先让我说一个你可能熟知的故事。这个故事你们的同学也都知道，但等你长大，就会发现原来故事背后的道理和精髓是3岁小孩都知道但80岁老翁未必做得到的。是什么故事呢？

还记得《伊索寓言》里的“龟兔赛跑”吗？我们都知道兔子跑得快，但乌龟可以领先，至少有两个原因：

一是兔子开始时领先太多，太过大意而轻敌，中间睡着了，发现时已经追赶不上；二是乌龟一直不停往前跑，这个不停歇的前进力量和兔子突然中断的休息，造成比赛胜负的结果。

我以前一直把它当作寓言，作为提醒和警惕，但认为现实生活中兔子一定跑得比乌龟快，不可能输的。结果那天看了YouTube上“龟兔赛跑”的实验比赛，出乎我意料的是，乌龟竟然赢了。在小朋友围观的那场比赛中，距离不是很远，两个笼子一打开，双方都往前跑，兔子果然领先，但它突然停住，这次不是休息或睡觉，而是竖起耳朵八方听望，好像在怀疑四周有状况要发生。相反地，乌龟心无旁骛，专注地一直往前走，速度虽然缓慢，最终还是赢得胜利。观赛的小朋友高兴得欢呼，这已不是寓言故事，而是现场直播的验证！

这很像中国人说的“一步一脚印”，就算步调缓慢，也可以达到目的地。在投资理财的世界里，很多人投资失败，竟然就是“龟兔赛跑”的现实翻版，原本可以快速获利的投资工具或方式长期下来输给了稳健但持续的投资方式，快的变慢了，这很像老子说的“少则得，多则惑”。这是怎么一回事呢？让我用现实世界的事来做说明。

慢而稳定成长的投资是扎实的大雪球

你在电视上看过赛车吗？速度比我们平常开车快很多，每小时高达200公里，但转弯时控制不好就会发生碰撞，或飞出跑道造成车毁人亡的悲剧，所以常可听到所谓“十次车祸九次快”，车速过快是主要原因，因为不容易掌控。同样地，在投资世界中也存在这种现象。

另外，你看过滑雪的电影吗？我第一次玩雪，是在合欢山大禹岭的雪训中心，好像是高中时。第一次在高山上摸到软绵绵的雪，兴奋得立刻激烈运动，结果晚上大家围炉吃好吃的东西的时候，我却恶心得难受。他们说应该是高山反应，我应该要足够的暖身才行。所以，每种领域、每种活动，都有它的窍门，投资管理也是如此。

留学美国时，居住在美东，接触雪的机会增加了。我参加了几次滑雪营，坡道通常是由山头绵延而下，会滑的人过瘾得不得了，不会滑的人经常是四脚朝天，而且不是滑下来的，而是滚下来或爬下来。就算是会滑的人，如果控制不好，也会冲到树林里，断手断脚是很正常的事。

还有些高手觉得这种平缓坡度不过瘾，要搭直升机上另一个山头，而且挑战的坡度十分陡峭。那种地形处理得不好，面对的就不是雪花，而是雪崩。哪一种比较安全？当然是地形平缓的雪道坡。投资也一样，但许多人偏偏看不起这种平缓上涨的投资报酬，非摔得鼻青脸肿，像是骄傲的兔子，把胜利拱手让出。

致富的道理其实就像“龟兔赛跑”，很慢但很稳定成长地累积总报酬，经常是好过快但不稳定的投资，因为只要一个中断或重挫，就像碰上跳崖，原本积累的雪球就砸碎了。所以，还是从平缓坡度经年累月滚下来的雪球，是扎扎实实的大雪球。

滴水穿石的投资效应

我曾提过一个数字，截至2014年8月，有个投资渠道过去10年的投资报酬是1倍，年均复利大约是8.97%（也就是说，过去10年几乎每年成长8.97%），过去20年成长了6倍，相当于年均复利9.5%。过去30年成长23倍，你猜需要的年均报酬率是多少？答案是只需要10.25%的年均报酬，就可以达到如此惊人的成长。

请问你对过去30年可以产生23倍的获利满意吗？多数人觉得满意，而这个也不是虚拟的数字，它就是美国500家大公司的代表组合“标普500”（SPY）的过去实绩。

你看，不需要市面上许多人标榜15%或20%的投资报酬，就可以滚出相当的财富。高报酬要长期维持是很困难的，有些人可能前5年可以交出20%的投资报酬，因为碰到股市上涨期，例如在中国台湾的1987年那个时代。后来的15年可能只有3%或者持平。中国台湾在1989年曾交出将近88%的成绩，最高点时为12682点，美国的道琼指数那时差不多只有2700点。虽然台股当时88%的成长看起来很惊人，但只维持了一年。美国道琼指数长期维持10%的成长，现在的指数已在20000点，而中国台湾还没有回到原先的高点，依然落后许多。

短期猛烈却无法持久的上涨，赶不上长期持续稳定成长的绩效，台股和美股的消长就是一例。所以，只有短期15%或20%的投资报酬，赶不上一个长期10%所累积的投资成绩，唯有缓慢的坡度，才可以慢慢且有效地积累财富！

我以前也看不上眼这种平淡缓慢的致富，却慢慢地发现，它有中国人所谓的“滴水穿石”的惊人效果。乍听之下，水滴如此柔弱，要滴穿石头几乎不可能。我们用水花四溅来形容，第一滴水滴落在石头上，真的是自不量力，连弹起来的力道都没有，就消失了。然而，水滴接二连三、日复一日、长年不断，就可以把石头滴穿。我曾看过一个画面，房子屋檐下长年的水滴竟然可以把石头滴穿出一个凹洞，所以中国人用“滴水穿石”来形容这种持续惊人的耐力功夫，而许多人的事业成

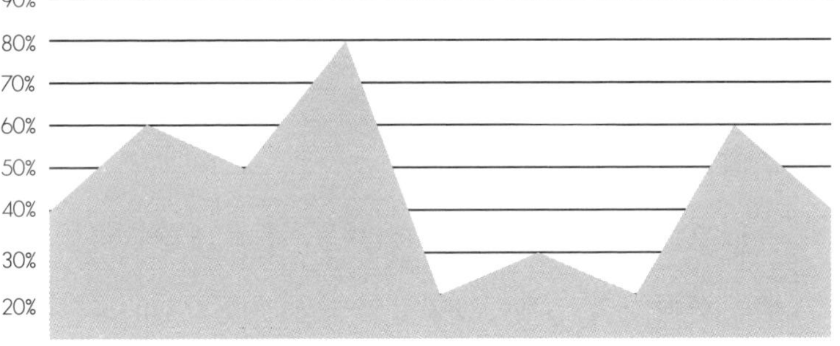
90%
80%
70%
60%
50%
40%
30%
20%

就，也是这样一点一滴建立起来的。

长期稳定的投资报酬也具有这样难以想象的惊人效果。对理财没兴趣或时间有限、希望用简单方式致富的人，可以采用被动投资方式，例如上述所说的可代表整个美国股市的“SPY”或代表中国台湾股市的“卓越50”这样的指数型基金，它有四大精神：一、让全美国或中国台湾一流的公司和企业家为你工作；二、参与和获利于经济的成长；三、避开挑选单一公司时所做的投资决策的误判，所以要参与整个股市；四、这样的工具和操作手法具有“简单”“安全”“有绩效”3个特色，适合多数人且成功率高。

但是，对理财感兴趣且个性适合的人，想获得更好成绩、击败大盘、扩大战果，对于主动投资型的做法，除了注意上述所说“平缓的长坡才容易滚出大雪球”的安全做法，还需要注意什么呢？你要记得，不管是主动还是被动投资的操作，找寻平坦和缓的长坡才容易滚出财富的大雪球。“耐心”和“安全”，是许多人在追求财富过程中最常忽略的两个秘诀。

小辞典

少则得，多则惑

老子的“少则得，多则惑”这句话，有人用搭公交车来解释。一上车时，有三个空位子，正在犹豫坐哪里舒服，想着是靠窗好还是靠走道好，等想清楚时，位子已经没了，就是机会一多，反而疑惑了。

如果只有一个位子，一点儿选择都没有的时候，你直接坐下去，至少得到一个坐的位子。人生也经常如此，没有太多旁骛干扰，专心致志，反而提早到达目的地。反之，若觉得从事这工作也行，那工作也不坏，样样通却样样松，反而交不出好成绩。

13

亿万身价秘书的秘密

许多投资者犯的最大错误之一就是离开能力圈，以卵击石，进入自己完全没把握或不熟悉的领域，这是不智的投资模式。只要掌握“投资前充分了解”和“不要投资自己不熟悉的东西”两项原则，就可以大幅降低犯错的概率，也意味着可以大幅提高成功的机会。

语恩：

你妈妈在财经媒体工作，一定看过很多个案，对于财富的累积和运用一定有些感受。知道你来自基督教家庭，从你的名字就隐约感受到，这是个很美的名字噢！我问你妈妈你是否对理财有兴趣。她说还看不出来，但你懂得用好东西。我笑着回答说，下次要问你用好东西是谁出的钱。

今天我想告诉你一位阿姨的故事，她也是虔诚的基督徒，从小可能没有你那么幸运，但这段经历反而造就她日后令人赞叹的成就，而且她的投资成绩令许多专家望尘莫及。她的故事有值得你和大家参考的地方，我把它称为“亿万身价秘书的秘密”。美国许多媒体，如

《洛杉矶时报》《华尔街日报》都曾报道过她的故事。2010年，格雷斯·格罗纳（Grace Groner）过世后，她的律师代表她捐赠了一笔令她母校和社区震惊的款项，总值700万美元的善款。这笔巨额来自只当过43年普通秘书的她。她究竟是如何存下这笔巨款的，引发了大家的好奇心。

亿万身价之谜

格雷斯在12岁时父母双亡，她和双胞胎姐妹格拉迪斯（Gladys）由当地的绅士乔治·安德森（George Anderson）——也是家族的朋友——收养，他一直供养她们直到就读于森林湖学院（Lake Forest College）。她一辈子都生活在森林湖市，那是一个距离芝加哥不远的地方。1931年毕业后，她在亚培公司（Abbott Laboratories）找到一份秘书的工作，终生未婚，并在岗位上工作了43年才正式退休。

在人们眼中，生活简朴的格雷斯从来不像是一个亿万富婆，甚至捐给母校18万美元时，很多人都认为这是她省吃俭用攒下来的。那么，这700万美元是怎么累积产生的？

原来，1935年，格雷斯大学毕业后，她用180美元的储蓄买了自己公司的股票，以60美元一股认购了公司特别发行的3股股票，这180美元的股票她从来没有卖出。在接下来的75年，180美元投资就像滚雪球一样，越滚越大，最后竟滚到惊人的700万美元！

这75年中，世界经历了世局动荡和股市经济的荣枯，有1929年的经济大萧条、第二次世界大战、朝鲜战争、伊拉克战争、20世纪70年代双位数字的物价膨胀、三次重大的股市下挫，以及13次经济衰退。股市的特性是，短期波动惊人，历经波折，常会吓得人退却三步，但长期还是正面向上，因工业革命、科技进步、社会发展和经济成长等因素带动了股市长期向上发展。

历史一再证明，长期的钱投资在股市，反而比把钱放在银行来得安全，因为钱放在银行无法对抗通货膨胀。如果当时格雷斯把钱放在银行，现在这180美元也只有3000美元而已，可见，长期把钱放在银行是很危险的。

如果格雷斯当年（1935年）投资“标普500”，在媒体报道的2013年，180美元相当于成长了150倍。而格雷斯自己的投资涨了39000倍，如此出色的成绩，相当于年均报酬为16.9%。而巴菲特过去52年的年均报酬是20%，这个纪录目前还没有人打破。这三种投资模式里，投资“标普500”的报酬虽然赶不上格雷斯和巴菲特，却是最轻松的投资方式。

格雷斯虽然有如此亮丽的成绩，但在专家眼中也有争议，投资单一股票且是自己上班的公司，如果公司破产，她不仅会失去工作，也会失去整个投资的资产。但凡事都有两面性，如果要像格雷斯这样投资，必须掌握两个原则：一、投资前要充分了解；二、不要投资自己不熟悉的东西。记住这两项原则，就可以大幅降低你严重犯错的概率，也意味着可以大幅提高成功的机会。

投资最忌离开能力圈，以卵击石

许多投资者犯的最大错误之一就是以卵击石，进入自己完全没有把握或不熟悉的领域，光是要搞通那个领域的规则，有时需要好几年的时间，而且要付出相当大的功夫才能和别人平起平坐。这是一个不智的投资模式。

我曾经有位医生客户，他太太知道我是基金经理人，有一次我看完病，她送我到门口，并悄悄问我对某一家科技股的看法。从她的眼神中，我用直觉判断，这支股票可能已为她添了麻烦。那家公司那阵子正面临专利的诉讼。每一项产品的专业名词都要她花很多时间去了解是怎么一回事，应用在什么地方，有何功用，在电脑的什么位置。这些都不是学医的人所应该了解的，也不是他们的强项。

结果，那一阵子那公司的股价摔得很惨。我对那家公司了解不多，自然无法给她好的建议，但当时就有感触，那就是，文学系的天才一不小心误入了数学系，结果可能是文学系少了一个天才，而数学系多了一个蠢才。

一般人要了解医学何其不易：什么药品用于什么疾病，有哪几家厂商生产相同的药品，谁又是最有效的产品领导者……医学名词如同科技产品名词，要学习都有障碍。这位医生太太没有充分利用自己学医的优势和对先生执业的产业的熟悉，而去投资表面光鲜亮丽的高科技业，离开了两人的能力圈，自然付出了惨痛的亏损的代价。这样的例子会不断上演。这是很有趣的事，如果你以后想进入投资的领域，我希望你多了解财务行为学，与人性有关的议题和财务行为都值得关注。

严格讲起来，格雷斯的医学知识赶不上这位医生太太，但格雷斯充分了解公司的整体运作，公司的营运好坏她都有第一手信息可以接触，只要公司营运状况没有出问题，她就可以放心长期持有。由于守在她的能力圈之内进行投资，虽然她没有受过投资学的严谨训练，但因为用对方法，在有限资源内对投资做了最完美的诠释，结果成效惊人。而她最后的财富分配也一样精彩，她将个人的小爱化为对社会的大爱。因为从小领受别人的关爱，受人点滴，涌泉相报，她对财富的分配做了最完美的运用。

当一个社会常常有这样的故事发生时，它便形成良性循环。外国人有一句话说：“四月的降雨，带来五月的花。”（April showers bring May flowers.）社会、企业和投资的运作都是相同的，这也像中国人所说的“种善因，得善果”。在投资上，记得守住你的能力圈，不仅安全，而且事半功倍，会为你带来较好的效果！

不要选择自己不熟悉的领域投资

在我给你写信的当下，我也投资了亚培公司，它也为我带来了获利。主要是我多年前在医院照顾病人时，就注意到亚培公司提供了许多营养食品、医疗设备和用品，几年前分出来的子公司艾伯维（AbbVie Inc.）在生化科技上也有不错的表现。这种生活中接触到的优势，是我鼓励你未来选择单一股票投资时的一个重要考量。格雷斯的投资模式还可以继续讨论下去，这个部分就留待你以后有了更多阅读基础再来分享。

格雷斯的故事不知道给你带来什么样的启发？在写信给你时，黑夜笼罩四周，孤灯下，我思考着她花钱的方式、她的金钱观和人生观，发现多数的有钱人都有这样相同的特质。

格雷斯出生在经济大萧条的时代，物资匮乏。父母在她12岁时过世，幸好有安德森先生收养她。在这么一个充满爱的环境中成长，她心存感激。

她很节俭，车子被偷之后就以步代车。她购买二手衣服，居住在小公寓里，但她不是守财奴，她有很多朋友。晚年除了旅游，她还多次捐款给学校，最后用700万美元成立了格雷斯基金，以股利孳息的方式，捐给了她的母校。在基金中，她指定了用途，我看到了国际学生也名列其中，她的爱和心胸真是无限宽广。

她有坚毅和超棒的投资情绪管理，在投资成功之后，她的思维更像是有钱人的做法，每年花费会从700万美元的本金中抽出4%（约30万美元），大部分来自股利，这样的花钱比例也很恰当，她的本金会源源不断地继续成长，帮助更多的人。她的理财投资符合了我所说的，要重视理财分身的创造。同时，她也通过金钱的成长，积极做公益活动。她既会赚钱，也会花钱，懂得照顾自己（她活到100岁）。她在教会担任义工，物欲淡泊，但精神丰富，更有一份大爱，这何尝不是巨大的财富？

格雷斯的真实故事像奇幻之旅，她给了你什么样的感觉呢？希望你也能从中得到启发，了解有钱人对生活的物质标准要求通常不高，通过节俭得以有储蓄进入投资。格雷斯投资自己的公司，具备近距离观察的优势，可以看到公司的发展表现，如此守在她的能力圈之内投资，也符合了上面两个原则的一些精神。她因投资正确、有方法，所以创造了极大的财富，再这财富帮助了更多人，在她去世后，相信她的养父安德森先生和许多人都会以她为傲。希望有一天你也能发挥这样的精神，滚出你人生亮丽的均衡财富。

小辞典

能力圈理论

能力圈理论（Circle of Competence）是由美国投资专家查理·芒格提出的，他和搭档巴菲特把这个理论视为投资决策的重要考量。这句话的精神在《论语》中也可以找到，所以学问和道理经常是相通的。孔子说："知之为知之，不知为不知，是知也。"也就是说，知道就说知道，不知道就说不知道，这才是真知呀！

用芒格的话来说，就是你必须清楚自己的强项和本事，然后在这个范围内充分发挥优势和竞争力。巴菲特则进一步阐述说，投资最重要的就是我们要认清自己的能力圈边界，并待在里面。每个人都要具备评估企业的能力，也就是精选位于能力圈之内的公司。能力圈的大小其实不重要，重要的是清楚确认能力圈的边界。

如果你还未感受到你的能力圈，别着急，乔布斯说，继续找，不要停，当你发现时，你的心会告诉你。

我则认为顺着你的热情和兴趣，它就在附近。但它也不是就在那里傻乎乎地等你，有时你还是要花时间去培养，就像巴菲特说的，只要持续学习，不断满足自己对知识的好奇心，日积月累，必然会有所感悟。这就是不断拓展能力边界的过程。

14

“爱”是所有财富的种子

犹太人认为，金钱对人类的用处就像衣服一样，只能装饰自己，但不能改变人的内涵。这提醒了我们，财富是一种力量，努力赚取财富是为了做更重要的事。真正富有的人要懂得善用金钱，成为金钱的主人！因为人对了，方向对了，态度对了，成功和财富都不过是跟随而来的副产品。

允恩：

那天你爸妈要你从客厅出来到院子里向我打招呼，我吓了一跳：你怎么会有洋娃娃的口音，可爱极了！原来你有四分之一的外国人血统。

一看到你的名字，就很容易猜到你来自有宗教信仰的家庭，果然，你爸妈是基督徒。我们相逢于我花莲的民宿，一个没有女主人而男主人又经常不在的民宿，更有意思的是，你爸爸现在充当我民宿的主人，所以你也就算小主人了。

你知道为什么你会住进我的民宿吗？因为你的祖母生病了，而且应该不轻。你爸妈放下北部的工作，就是为了尽儿女的本分。看你爸爸比了一个抱婴儿的动作，诉说小时候你祖母怎么照顾他，现在换他买一个大的塑胶浴缸，帮你祖母洗澡翻身，可以猜出，你祖母现在应该非常骄傲，有儿子一家陪伴她度过人生倒数的时光。我跟你爸爸说，这么做很值得，他这辈子就没有了遗憾，这是你祖母人生最后也最需要有人陪伴的时光。

一般民宿不会开放给人长期住宿，我当年从美国赶回来，在花莲照顾我的妻子，几乎在医院待了一个月，深受住宿不便之苦，心想，有人可能跟我有一样的感受，没想到我们因此而相逢了。

只要有爱，成功、财富跟着来

我很喜欢黑幼龙先生说过的“优先级对了，其他跟着对”这个故事。故事叙述，美国的一个家庭，有一天突然有人敲门，女主人开门一看，有三位白发小矮人，长得就像《白雪公主》里的小矮人。他们说走累了，询问能否进屋喝杯咖啡。夫妇俩便邀请他们进屋。中间的老人说："他们之中只有一位可以进入，他的姓是Love（爱）。右边这位姓Success（成功），左边这位姓Wealth（财富）。"

夫妻俩只好关门商量一下。男主人想要成功，这是他渴望的；女主人想要财富，这是她期盼的，她认为有了财富就什么都有了。争执不下时，楼上的女儿听到，跑下来，女儿认为"爱"才是最重要的。

最后，他们接受女儿的意见，再度打开门，请中间的"爱先生"进来，没想到，三位白发小矮人全进来了。男主人好奇地问："不是说只有一位可以进来吗？"爱先生说："今天如果你们选择成功，就只有成功进入你们家；如果你们选择财富，也只有财富会进来。但因你们选择爱，只要有爱，成功和财富都会一起来到你们家。"

这个故事也让我想到去年在脸书（Facebook）看到的《今日头条》报道。

海莉女孩的善举

美国华盛顿州布雷默顿市（Bremerton）的一个9岁女孩海莉·福特（Hailey Ford）因为一个善念，开始帮助流浪汉，并影响了许多人也一起做公益。当时，5岁的她和母亲在购物中心外面遇见一位已多日没吃饭的流浪汉爱德华（Edward），她问母亲能否买个三明治给他，母亲同意了。爱德华拿到食物后，非常感动，因为多年的流浪生涯让他看透了人性的淡薄，这个小女孩儿却给了他温暖。之后，海莉又遇到另一个流浪汉比利（Billy），他因战争失去了腿，不良于行，失去工作能力，他的遭遇再次激起海莉的爱心。她只要看到流浪汉，就想要帮助。

母亲告诉她，这样的爱心很棒，但因为自己并不富裕，没有能力帮所有人。小女孩儿含泪倔强地看着母亲，虽然被泼了冷水，她没有因此而绝望，对母亲说：“如果买不起就自己种！”海莉决定自己种菜，她把家的后院改造成菜园，遇到种菜的疑难杂症，就去找书来研究。她开始挖地、播种、除草、建栅栏，终于收成了第一批胡萝卜、大豆和土豆，并全部分送给流浪汉，那时她只有6岁。邻居见此善行，也开始帮她，扩大了菜园的生产规模。

接着，海莉开始思考自己有没有可能做更多。她看到许多人露宿街头，于是开始尝试为流浪汉建造小屋。家人帮她在社区内回收建筑材料，一个精致的小房子在海莉的努力下真的完成了。23位邻居帮海莉把房子搬到拖车上，送到需要的地方。如今，这个9岁的小女孩儿的善举已成为一股推动改善流浪汉生活的力量，不断有人捐赠物资给她。而为了能盖更多的房子，她也在GoFundMe（募资网站）上募资。这个名字有好几个意思：一个是“来，发现我”，第二个是“来，资助我”。Fund是资助的意思，这字的发音也是“发现”（found）的意思。

看得出来，这个背后有许多大人的帮忙与参与。我特地上这个网站看了，她的捐款目标是60000美元，22个月后，已经超额完成，达到65000美元，现在她可以做的事情更多了！在她的脸书上，她的母亲也说明，最近的活动比较少，因为她希望海莉不要过度曝光，不要造成她不必要的压力和学习上的负担。我觉得这样很好，可以让她过一个更快乐的童年，因为爱心公益是一辈子的。

真正富有的人懂得善用金钱

她的爱心表现就像一位可爱的天使，大家更愿意因为她而一起参与公益活动。脸书上可以看到去年圣诞节从各地涌进来的捐赠。她和弟弟妹妹正忙着包装圣诞礼物，这一家人因为有爱，让生活过得充实、愉快，而且有意义。

对海莉这位小天使而言，她的爱心、勇气、坚持和采用的方法，感染了那么多人参与支持她的公益活动，背后所带动的组织运转都是她非常棒的人生经历，其人格特质和能力发挥亦是许多名校所欣赏的。她的爱心和优秀的家庭教育，将会提供很多的机会让她进入名校，再加上她在这件事情上所建立的坚毅、信心等特质，相信她的专业养成教育指日可待。

她的故事也让我想起我的好友黄介文。她曾为我和几位朋友创立的“明日要更好”公益基金会捐款，但我婉拒了，因为当时她的经济状况并不理想。结果她附了一张小卡片，写着：“教宗保禄二世说：‘没有人会贫穷到无法给予，也没有人会富裕到无法领受。’”看了她的小卡片，我收下她的捐款，也提醒自己，每一分钱都不能浪费，要用在刀口上，发挥效益。

一开始，海莉的妈妈认为她的热情绝对撑不过一周，没想到她一做就是4年。我很喜欢这位海莉天使告诉妈妈的那句话：“我帮助不了所有的人，但爱可以。”

我以前的办公室就坐落在犹太人和华人的社区，我很认同和欣赏犹太人一些花钱的态度，虽然他们对金钱的使用十分谨慎，但是对于慈善捐款等行为相当热心。在犹太文化中，你能够施舍多少钱，就代表有多么富有，对他们来讲，做慈善并不是基于爱心和可怜弱势，而是一种社会正义的义务。

他们认为，金钱对人类的用处就像衣服一样，只能装饰自己，但不能改变人的内涵，这很像中国人所说的“腹有诗书气自华”。这提醒了我们，财富是一种力量，努力赚取财富是为了做更重要的事。如果过度追求物质享受，拥有过度的欲望，人就会成为金钱的奴隶。真正富有的人要懂得善用金钱，成为金钱的主人！

人对了，方向对了，态度对了，成功和财富都不过是跟随而来的副产品。海莉让我们见证了黑幼龙先生那三个小矮人的故事，以后你也会见证，在爸妈拥有的正确信仰和做法下，你也能在这么一个爱意满满的家庭中成长。因那个爱长驻于你心中，那是真正财富的种子，它会为你开枝散叶，结出许多不同财富的果实。

做出自己的公益活动

看过海莉小天使的善举，其实你也可以参考，进而做出你个人的小小公益活动。该怎么做呢？不难的，天下无难事，只怕有心人，以下是我给你的建议：

一、想想看，周遭什么事是你觉得最关心、最想帮助的。例如，你想把自己居住的这条街变成附近最干净、最有绿意和五彩缤纷的街道。

二、接着，你可以找一两个志同道合的朋友，如果没有朋友，别担心，像海莉那样先自己来，每天利用下课时间小区域地打扫一个小时，半小时也可以，但要持之以恒，一个月下来，说不定就可以将一条街打扫完了。

三、观察哪一户家庭对花草植栽特别感兴趣，用你的零用钱买一份小礼物送给这户人家，夸奖他们种的树和花很漂亮、你好喜欢，相信许多邻居也会很欣赏，再问能否借一盆放在大家都看得到却又不妨碍交通的地方，给大家一个好心情。

四、如果邻居答应，请你在盆栽上做一个小招牌，大意是谢谢住在几号的邻居，为了让大家有个好心情，特地免费提供这个盆栽。然后写下你的小小公益组织的大名，例如“守护家园的小亨利”。

五、三个月下来，你一定会得到邻居的反馈，接着再找第二个可以赞助绿意盆栽的邻居，依原来的方法复制，每位邻居看到他自己的大名跟着盆栽在一起出现，多数会用心照顾。等到有五六位以上的人参与，你们可以来个小小竞赛，但要想办法不伤大家和气，怎么做，可以想想办法和请教老师。

六、做什么事都要有经费，三个月下来，你的扫把大概也坏了好几把，开始需要找钱了。记得海莉小天使好像曾写信给比尔·盖茨，上面写着：“听说全美国的钱很多都到了你的口袋，我目前在从事一项公益活动，不知道可不可以得到你的一点儿捐献？”比尔·盖茨看到之后，说他不捐都不行了。我知道聪明的你可能已经动了中国台湾企业家郭台铭先生的脑筋，现在很多活动都找上他，你先让郭先生喘口气，可以先这么做：找村里长；上网搜寻全中国台湾对公共环境和环保议题关心的公司企业；了解一下可以争取县市府的哪些小小预算；从活动开始就准备一个捐献箱；有邻居参与后开始架设网站，接受全世界各地认同你的理念的人之捐款，如同海莉现在的网站一样（呈现出你们参加活动的照片、目的等，如果有报道采访更好）。

总地来说，就算只有你一个人，一步一脚印，如果你也能像海莉一样坚持，一年之内，你会发现很多人都会受到你的鼓舞而纷纷加入。请记住，不要一开始就向别人要资源，等你做出成绩，大家都会来支持你，但你要先找一个自己觉得有兴趣又重要，可以持之以恒的事情。如果你不能坚持一年以上，那就不要参与。公益活动有它的乐趣，但也要走一段寂寞的路，不是为了追求虚荣，而是觉得它很重要、有意义。这一点很重要，不要担心成败，只要有开始就有收获。祝你的小小公益活动启航成功！

小辞典

募资平台

募资平台是找寻资金的渠道和场所，依资金大小和不同组织而有不同的平台分类。企业家郭台铭当年的创业基金是母亲10万元的标会，这也是较早的小金额的募资平台。现在郭先生已有上市公司，需要资金就到证券市场发行股票来募集资金。至于现在很多人创业会在网络上提出构想来募集小额资金，这些不同的募集资金的渠道和场所，都可以称为募资平台。

15

千里之行，始于足下

成功者一定有其成功的特质，他们很早就开始学习和社会互动，这个独特的部分常是关键所在，值得关注学习。例如，巴菲特很早就从事商业学习，在活动中，他有很多观察和经验，这给了他日后一马当先、尽早开始的机会。中国人说“千里之行，始于足下”，要追寻远方的梦想，就从迈出脚下的第一步开始。

佳乐：

那天看到你妈妈在脸书上的短文，提到你的作文拿到小学六年级组第三名，那是她骄傲的一天。

看到你写的文章，有一段我觉得写得很好，也深有同感。原来做导览员是你的梦想，你说："放手一搏，哪怕在旁人看来，这是可笑又无可能的笑话，当鼓起勇气去完成自己的梦想，就算没有结果，依然能免去自己心中的遗憾，我的梦想看似遥远，却有着惊人的结果。"

给那么多人写完信，我特地把给你的信摆在这里，是有原因的，因为说再多的故事、谈再多的理论，都还不如实际操作一次。这封信就是想跟你谈谈如何避免眼高手低。行动是一切学习的根本，也是终结眼高手低的方法。通过执行力，想法才能够变成做法，梦想才能成真。

把握你的好奇心

网络上有人传了这个信息给我，写得还颇有道理，内容是：“穷人缺什么？表面缺资金，本质缺野心，脑子缺观念，机会缺了解，骨子缺勇气，改变缺行动，事业缺毅力。”

资金表面看起来重要，但不是最关键的，因为白手起家的人都没有资金，但通过勤与俭，或借助自己的专业与强项，可以一步一步累积，有信誉的人还可通过借贷获得资金。欠缺野心，这是因为长期在考试中找分数，从小与实际脱节就难以培养出野心。脑子缺观念，那是因为缺少阅读，特别是课外读物。你看完这些信，多少对理财建立了一些观念，可以在这个基础上继续钻研。机会缺了解，这指的是欠缺实践操作和经验，没有经历过挫折，就没有寻求突破的诱因和动力，进而得到信心和视野，以至于机会来临时无从了解和掌握。骨子缺勇气，这也是因前面缺实践经验而延伸过来，没有了解、没有信心，当然就没有勇气。事业缺毅力，这要靠自己，要养成为自己负责的习惯、愿意负责，毅力就会产生。而改变缺行动，这才是整个问题的核心，因为行动力和执行力可以启动上述所有的连锁反应，也是穷人得以翻身的关键。

许多人问我，如果我在职场上算是成功，可以在异国的竞争环境中生存，不敢说是很成功，但还可以继续进步，是什么原因呢？

这个问题我思考了很久。当然，每个阶段的磨炼都有帮助，但我觉得小学、中学时期是我很重要的起步和基础。为什么？我比其他同学多了实践磨炼的机会，这未必是父母的刻意培养，我想纯粹是那个时候的资源特别欠缺。与其说我是特别想接受训练，倒不如说我是为缺零用钱所迫。还有就是童年时的好奇心，这种对商业活动或任何与外界联结的学习活动所产生好奇的探索，是你应该好好把握，也是做父母的应该好好鼓励的。

钱真的不好赚

印象中我第一次赚钱的商业活动，应该是6岁左右，当时是因缺零用钱，也是觉得好玩。那阵子，市场上常看到有人在卖传统的李子糖（李子外面裹上红色糖浆），中国北方也有类似的，叫糖葫芦，一串上面有好几颗。李子糖的李子常是酸的，外面的糖浆是甜的，小孩子没有不爱吃糖的。

我很喜欢吃，但没有足够的零用钱，就央求妈妈在家做糖葫芦。裹上糖浆后的李子糖插在砍下来的香蕉梗上，在太阳下特别闪亮。糖浆的红色素是什么做的，我已经记不得。我就这样高举着这个赚钱的家伙沿街叫卖，有点儿像妈祖出巡时在前面引导的人所高举的幡旗，三不五时还让它转动。那个时候没有钱买玩具，这就是我的大玩具之一。

刚开始有点儿不好意思，喊叫声总是小小的，那时很少有像我这么小个头的在卖李子糖。不知道是不是多少吸引了同情者，总会有一些人来捧场，一旦有人来买，就开始不觉得可怕了。当恐惧感逐渐消失，叫喊声就越来越大，声音越大就越引起人家的注意，而有人注意就越容易卖出去，它就形成了良性循环。

台东的几条大街走下来，大概也要一个小时，走路倒不那么累，问题是我虽有鞋子，却经常打赤脚，要命的是，柏油路在太阳下晒得闪闪发亮，那是很烫的，走在上面，我总是高兴得说不出话来。有时候，我一面走一面跳，不知道是不是这样的特殊效果也吸引了大家的同情心。通常我的一次沿街叫卖，总会剩下个三四串，卖出去的钱“缴库”给妈妈，剩下的就是我们的零嘴犒赏！

你千万不要小看这叫卖，虽然赚不了多少钱，但它提供了我和人群接触的训练，通过商业活动的观察，培养了一些胆量，也帮助开启了我小时候就敢对商业活动伸出一连串的触角，做一些其他小孩儿不敢做的大胆尝试。此外，我还有一个感受，那就是钱真的不好赚。我有位家境富裕的同学，大学毕业后服完兵役，又进修了几年才进入职场，第一个月领到薪水，我们聚餐，他冒出来的第一句话就是“钱怎么那么难赚”。我听了，笑出来，这个体悟我整整比他早了20年。

同样的零售生意有不同的经营模式

前阵子阅读成功投资大师的传记，发现他们很多都是小时候就进行商业活动的训练和学习，当下我有一种“原来成功者都是这样长大”的感觉，而且不分国界和东西方，成功者的各种养成教育是小时候就可以开始，而不是学校教育完成后才可以进行！

例如巴菲特第一次赚钱是可乐的零售转卖，那时他还只是个6岁的孩子。他以25美分的价钱在爷爷的杂货店购买一箱可乐，然后以每瓶5美分的价钱兜售给其他小孩儿。记得，他好像可以赚5美分，大约是20%的获利。

很巧的是，投资家吉姆·罗杰斯（Jim Rogers）也提到，他是来自乡下的小孩儿，5岁时在棒球场捡空的可乐瓶子来换钱，这是他第一份赚钱的工作，他6岁时就在棒球场里有自己的小摊子。

美国许多家庭会让孩子参与糖果的贩卖，在社区推销或在大街上洗车为活动筹款等也具有相同目的。同样地，犹太人从小就学做生意，让孩子练习推销商品、学习做生意的技巧，并想办法宣传自己的商品，说服家人购买。孩子不只学到如何赚钱，还养成独立自主的能力。

不要小看这些事，因为从小就接触商业活动，可以从中学到许多事。以巴菲特为例，那时每瓶百事可乐的容量约350毫升，而可口可乐只有约180毫升，但两种可乐的售价是相同的。大多数孩子心满意足地喝着汽水，却从来不去注意什么，只有巴菲特捡起汽水机旁被丢弃的瓶盖，把它们分门别类并清点各种瓶盖的数量，看看哪个牌子的汽水卖得快。他这么小就已经懂得做市场分析，了解消费者偏好百事可乐还是可口可乐，作为他进货的参考。

6岁左右的巴菲特，因爷爷在经营超市，就向爷爷进货。他在一个隔成5个区域的小托盘里放上各种口味的口香糖，晚上在社区挨家挨户贩售。有一次，一位太太指定要买一片水果口味的口香糖，巴菲特告知对方不分售。对他来说，他是很想卖掉口香糖，但只有买卖还不足以让他改变原则，因为如果单卖一片，表示他得承担另外4片卖不掉的风险。

你有没有发现，为什么我偏好拆开香烟来零卖，而巴菲特坚持口香糖不能拆开卖呢？你能找出原因吗？

因为口香糖和香烟是不同的产品，对象不同，销售方式不同，客户的认知和信任自然也大不同。例如，我们的香烟拆开来卖是应客户要求，因为客户的预算不够，而且我们是店面的形态，香烟摆在柜子里，他们看得到它的安全性。同样有这种需求的人很多，两三天就有十几个人需要，轻轻松松就能卖出一包，利润高，又能满足客户需求。

但巴菲特不同，他利用下课后的晚上挨家挨户去贩售，口香糖如果拆开卖，你不知道是否依然干净卫生，更何况他面对的是社区的客户，需要分开来买的人数并不多，而且他是随机出现，不像我们一天有将近10个小时的营业时间，有需要零买香烟的人很容易就找到我们。所以同样的零售生意，会因为状况的不同而发展出不同的生意模式。有些人做不成的生意，换另外的人却做成功了，这当中的变化、运用及细节都是值得学习的。千万不要在未深入了解细节之前，就被表面叙述的理论僵化了。

尽早接触，勇于尝试

不知道巴菲特是否有口香糖拆开后卖不出去的经验？如果有，这种由实践中获得的经验会有特别深刻的印象。如果没有，还能感受到拆装后商品卖不出去的风险，巴菲特果然有过人的敏感度，但不管拆还是不拆来卖，都是一种风险评估的学习，没想到他后来真的成了风险管控的高手。

卖掉一整包口香糖，巴菲特可以赚到整整2美分的利润，铜板扎扎实实地握在手心里，开启了他的财富雪球基础，就像刚开始要滚动财富雪球的几片雪花。重点不是那2美分的利润，而是他比别人有商业学习经验早了二三十年，这才是惊人的差距。

可见只要有开始，不管年龄大小都会有收获，而且越早开始越好，因为小孩儿接受挫折和复原的能力其实是很惊人的。例如，小孩儿被爸爸抛上空中，会高兴得发出笑声，他的世界充满好奇，受伤时也不会想太多，摔倒了，拍拍屁股再站起来，就是他们的特色，顶多哇哇叫几声，只要多鼓励和诱导，很快就恢复了。不像大人摔跤，顾虑的事情很多，可能不敢再尝试，没有足够的磨炼——特别是实践性的工作或经商——怎么可能练出一身功夫？考试正是我们长期以来教育的范围，我们很多人会读书、会考试，但就是不会做事，特别是少有机会接触实践。

我曾看过一段短片，一个包尿布的小孩儿和爸爸一起在玩滑板，因为好玩，摔倒了又想尝试，最后滑得很熟练。小朋友的信心，其实就是在尽早接触生活的各个层面，在勇于尝试的训练下，一步步建立起来的。

华丽的跌倒，胜过无谓的徘徊

成功者一定有其成功的特质，他们很早就开始学习和社会互动，这个独特的部分常是关键所在，值得关注学习。许多家长认为，孩子应专心在课业上，我觉得这样做低估了他们的潜力。例如，巴菲特很早就从事商业学习，在活动中他有很多观察和经验，这给了他日后一马当先、尽早开始的机会。

再宏伟的建筑，也始于一砖一瓦，再伟大的巨作，也是从一字一句开始堆砌。成功的人通常不关心事情的难度，而是关心解决问题的方法。理论和实践之间常存在一个断层，要联结这两者，就要付诸行动。所以，鸿海董事长郭台铭说过："可不可能，不是问题，而是行动。"不行动，永远是空想，一旦采取行动，就能把所有挑战转换成可能。

而一个人会眼高手低，通常有几个层面：第一可能是没有行动，以至于永远存在理论和实践之间的落差；第二可能是做得少、历练有限，经验自然不足，还不知道问题之所在；第三可能是没有找对方法。

勤奋是成功之必要，但不意味着埋头不看问题、不找方向。没有“规”“矩”这两项工具，就不足以画出方圆。

你年纪轻轻，学会理财并不难，例如开个户头，可以是在爸妈的名下，但由你来管理，只要运用我说过的这些原则，就可以开始学习和验证。以后想买喜欢的东西，或冰激凌要吃几球，或是要吃哪一家美食，都可以自己决定。当然，根据账户的管理表现，你也可能没有冰激凌，因为钱都被你赔光了。这就是现实人生，没有什么比与切身利益有关的事更能吸引自己了。金额大小都有学习的效果，1000股买不起，可以买零股，中国台湾“卓越50”的ETF就是如此。有了实践经验，再回头看理论，不只更有感觉，也更有效果，早点儿了解这个世界的金钱运作，进而学习驾驭它和运用它，对你只有好处而没有害处。

收到网络转传的一则信息：“考虑一千次不如去做一次，犹豫一万次不如实践一次！华丽的跌倒，胜过无谓的徘徊！”这番话说得好，很像是中国人说的“千里之行，始于足下”，要追寻远方的梦想，就从迈出脚下的第一步开始。老美说：“talk is cheap.”空谈是很廉价的，所以，行动吧！

小辞典

现在可以开始的理财行为

一、如果还没有工作，存下50%的零用钱，拿1/3购买中国台湾“卓越50”，1/3购买“标普500”，1/3购买你生活中觉得最欣赏的几家公司。

如果已经有收入，可比照上面的做法。如果觉得对单一股票不妥当，也没有时间管理，那么将上述的1/3改成1/2。如果你还想知道怎么利用进出点来管理，请参阅我的另一本书《每年10分钟，让薪水变活钱》。

二、全力抢下你人生的第一桶金，也就是10万美元，相当于台币300万元。这为什么重要？因为有了第一桶金，投资报酬达到8%，每年相当于有台币24万元的投资收入，几乎是一个刚毕业大学生的年收入。你的单打独斗变成有另外的分身，将全年的所得贡献给你，而你的理财世界开始不一样了，恭喜你有了门票，进入有钱人俱乐部的第一道门。至于怎么做，掌握专业、副业、创业、勤俭四个方向，细节请参考《每年10分钟，让薪水变活钱》这本书的第一封信《第一桶金来自何方》。

三、利用简单有效的指数基金（ETF）投资。在没有相当的投资经验之前，你的功课是努力赚钱，然后投入全球一流的企业，让他们把你的资金做更有效的运用。你的功课不是想办法用小钱、玩金钱游戏变成大钱，除非你有强烈的学习欲望。想要主动操作投资个股，尽早扩大投资战果，那么你要阅读大量的书籍，做足功课，而且个性也要很适合，不管你属于哪一种，书上所讲的15个主题观念依然有效，将它融入骨髓、进入血液，就可以早日帮助你达到财务自由！

· T R A D E R ·

后记
E医师教了我们什么？

哈佛大学的企业管理课程中，有一堂有名的课叫作“个案讨论”，它的主要目的是帮助学生进行企业分析，找出成功和失败的原因。比如，企业为什么失败，付出了什么代价，如何避免，如果成功又有什么可参考学习的地方？简单地说，就是借助别人的经验。因为这是成本最低的方法之一。

让自己成为智者

富兰克林曾经有一句名言："智者从别人的失败中学到经验，愚者只能从自己的失败中记取教训。"网络上也有人用他的名言，换成现代人更有感觉的语言，那就是："世界上最聪明的人，是借用别人撞得头破血流的经验来作为自己的经验；世界上最愚蠢的人，是非用自己撞得头破血流的经验才叫经验。你要当哪一种？"这两种表达方式，你喜欢哪种？如果是后者，别忘了后者也"借了"富兰克林语言的经验内涵，可见借助别人的经验是多么重要！

你或许对富兰克林并不熟悉，以至于觉得他说话没有分量，但你知道避雷针是谁发明的吗？我的小学课本中，介绍有个人在雨天放风筝来证明雷电，那个人就是富兰克林。那是非常危险的试验，至今仍有不少人存疑，但没有争议的是，他发明了避雷针。

还有，你知道美国百元大钞上的肖像是谁吗？那人就是富兰克林，他获选为美国最伟大人物的第五名。他在1743年筹备一家学院，8年后成立，即为宾州大学前身。宾州大学出了很多杰出的校友，包括投资大师彼得·林奇（Peter Lynch）和现任总统特朗普（Donald John Trump），是美国名校之一。

富兰克林多才多艺，身份多得让人惊叹。他是美国著名的政治家、科学家，亦是出版商、作家、慈善家，更是杰出的外交家及发明家。他是美国革命时重要的领导人，参与了多项重要文件的草拟，出任驻法国大使，成功取得法国对美国独立的支持，被视为美国国父之一。从他的人生经验可知，“智者是从别人的失败中学到经验”一定有其道理。我们多么希望能成为智者呀！

以他人错误为师

本书写给这么多孩子的信，都是以建立正确的理财观念和理财教育为主轴，同时在E医师所犯的错误中，用说故事的方式来表达他欠缺的理财观念和知识。读者看完这15封信，我们也可以来做个案讨论：如果可以重来，哪封信的内容提及的理论和观念可以帮助E医师避开严重的错误。

此外，我们要以E医师的错误为师，借由他的失败学到经验，让自己成为智者。医生的收入这么高，这么聪明，都可以犯下这么严重的错误，所以在理财中就更要虚心学习。在我开始指出E医师所犯的错误之前，请你先列出他可能犯了哪些错误，我们再一起对照，看看我们两人的分析是否接近。

第一封信。

孙悟空有很多分身，我们也有一个，我们的小小图书室可以建立，靠的不是很多的资源，而是重视理财分身的观念和用对方法。“稳定的工作固然重要，但不能说明财务从此获得自由，而是要借这份收入，尽早培养出一个分身为你创造收入。”这也是富爸爸与穷爸爸的差别。穷爸爸只靠自己的劳力收入，富爸爸则靠投资的收益就足以养活自己。E医师也有这样的观念，所以才会付诸行动，进行投资，这样的行为值得肯定，但他用错了工具和方法，原因是观念的错误和理财知识的不足。

第二封信。

国王付不出来的米，是由于长期复利的惊人效果，请记住：再微小的起点，哪怕是从一粒米开始滚起，利滚利，也会滚出一个惊人的结果。我认为E医师可能知道但并不十分清楚，所以希望一口吃成大胖子，以致在投资策略上犯了错误，例如不该选择波动大、风险高的单一股票。他轻忽了两个重点：一、找到稳定的获利方式用复利来成长；二、给一段合理的时间，就算资金少，也会滚出很惊人的财富。同样的道理也可应用在我们的其他工作和生活上，不可小看自己的小小力量，只要坚持，一步一脚印，你可以走得更远。

第三封信。

“银行是储蓄的地方，而不是投资的场所，工具选择错误，会阻碍理财目标的达成，就像台北到高雄，不选择搭车，却用走路，到达目的地时已严重迟到，缓不救急。”太快的会翻车，但牛步又走不到目的地。工具的选择有其知识性和专业性，如果没有对的专家指导，自己一定要先充实知识。E医师选择了一个快速致富却易翻车的工具，不幸的是，车子果然翻了。

第四封信。

没想到小时候用自行车特技去批发香烟的经历，也可以帮助我日后了解许多商业活动的窍门，而且较有评估一家公司的经营好坏的能力。从小在实践中接触，好像特别容易触类旁通去了解商业活动和运转，这种敏感度非常有助于我们进行投资的判断。不管你以后是不是要成为投资专家，任何有机会接触实践性的活动，都可以帮助你获得很宝贵的经验和知识。所以要养成一个观念，学习环境是宽广的，不是只有学校，更不是只有课本。E医师便是忽略了商业和投资也必须在实践中累积专业，如同他的医生执业，需要从门诊和临床中累积经验，他的医学专业是不足以处理投资的。

第五封信。

小老鼠面对大狮子，小老鼠有什么强项？还记得那故事吗？现在还会怀疑小老鼠无法报恩吗？“每个人都有他的强项，锲而不舍地坚持和找正确的方法……也正如我的许多客户，他们各自在工作岗位上辛勤工作，并利用专业获取酬劳，再将这份辛苦所得通过我的专业和经验，和全世界一流的企业联结，因投资而创造另一种财富。可以说，我们都要发觉自己的优势和别人的强项，进而做到某种程度的结合。”E医师只注意到自己的优势，却没有结合别人的强项，以至于拿自己在投资理财的弱势，在市场付出昂贵的学费换经验。

第六封信。

还记得柔道选手每次开始的训练课程都在做什么？他们在训练保护自己。在你未来的人生中，什么是要最优先保护的呢？不是理财的知识，它很重要但不是第一，第一是充实知识、保护你的健康，没有健康，你所有的梦想全部化为乌有，连一片云彩都看不到！要保护好你的身体，从饮食和生活习惯做起，请记住，健康的身体是你圆梦的基础！

但也要记住，“投资是一场没有炮火的战争，亏损就是扎扎实实的亏损，没有人会平白无故再给资金或银弹。有些人初期损伤不重，还有机会卷土重来；但有些损失可能一次就倒地不起，主要是这些人不了解它是一场战争，是文明的财富分配，轻忽了它有许多要注意的观念和做法”。E医师的2500万元亏损，有人可以平白无故送给他吗？没有。所以他现在必须很辛苦地弥补这个大漏洞。

E医师在没有专业的基础和引导下，股票就全押在一家公司，可以说没有做防守就先发动攻击，自然禁不起攻击失败后的后果。如果他当时选择的是代表美国500家大公司的指数型ETF（SPY）或中国台湾“卓越50”（0050），相信都不会是这样的结果，因为这种代表整个市场的ETF的防守效果，要比个股好很多。

而他在房地产的亏损，极可能是相关研究功课做得不够，或者根本没有做，也没有事先评估。当利率上升、贷款负担增加时，他是否做过任何应变措施？如果这些防守的考量都没有，就很容易在惊慌中做出错误决定。现在你应该了解，“攻击得分、防守获胜”的重要性了吧！

第七封信。

“要了解当时的现场，最好的方式就是通过阅读跨过时光隧道还原历史。一旦了解了当时发生的前因后果，一一对比现在的差异，就不会在弥漫悲观恐惧的情绪中做出错误决定。所以培养你独特的竞争力，就从现在你喜欢的课外读物开始吧！”

各种投资的荣景和衰退都有其原因和背景，也会循环地再次发生，通过阅读了解过去历史的脉动，绝对有助于各种投资的规划和管理，这其中当然也包含E医师两个失败的工具：股票和房地产。

跨领域其实也可以学得很好。有些医生的理财做得不错，原因是他们会大量阅读，理财投资书籍对他们来说，属于课外读物。E医师如果也投入相同的工夫，阅读理财方面的读物，可能今天呈现的就是一个令人快乐的结果，而不是挫败和感伤。

第八封信。

你也喜欢金斧头吗？还记得樵夫获得金斧头的原因是什么吗？“诚实面对自己，因为一个追求诚实报酬的人，比较不会在市场上受到欺骗和伤害。投资和人生都一样，拥有樵夫的诚实，你才可以拥有投资和人生的金斧头！”

判断对的时候，单一股票的获利确实惊人。股票其实也有很多种分类，稳健的或投机的。一支股票可以让E医师亏损1000万元，有相当大的可能性是他买了投机股票，结果不只偷鸡不成蚀了一把米，还失去了自己米仓的米。克服贪念是每位投资者面临的挑战，所以还是要学习诚实的樵夫，不管是在投资上，还是在人生的道路上。

第九封信。

还记得蚂蚁和蟋蟀的故事吗？它们对工作和玩要的优先级看法不同，你喜欢哪一个做法？E医师的家人对财务自由和提前享受的优先次序看法也不同，你认为财务自由还是提前享受比较重要？

“为自己负责的习惯要养成，因为想要的东西很多，但收入只有一点点……很多理财失败的人，通常是预算管控出了问题。”钱其实会愚弄人，许多人误以为自己收入高，就有条件乱花，结果赚得多、花得多，却存得不多。就像《红楼梦》里说的：“家大，业大，窟窿也大。”靠劳力赚来的钱，收入高，未必长期靠得住，经济环境、产业、年龄的改变都可能让高收入画下句点，最后留下一大堆的窟窿。

E医师在开源上已经到了极限，但要填补开支这个漏洞，他力量却不够，要不然，以他这么高的收入，2500万的亏损是可以通过管控尽快止血的，然后恢复成长。

第十封信。

还记得池边小鹿失去宝贵生命的原因吗？小鹿的强项是什么？是它美丽的鹿角，还是它一直看不起的四只脚？

“学习认识自己，许多极优秀的工程师、医生、企业家或会计师等专业人士，在投资上的成绩却惨不忍睹。为什么会这样？原因当然不止一个，但都有一个共通的盲点，那就是他们都认为自己很聪明，在自己的领域有这么好的表现，投资有什么难？”

投资会不会成功不在于你的专业，也不在于学历有多高或者多聪明，关键在于有没有用对方法！成功的投资者都有自知之明，简单来说，他们在投资上已摸索出什么是自己的强项、什么样的投资工具或方式不能碰，这个自知之明看似简单，却是最重要的关键，了解此点，才能充分发挥优势。此外，对于自己的强项也要谨慎看待，不要像鹿儿一样为自鸣得意的强项所毁灭。至于有不满意自己的地方，也不需要自卑，只要慢慢寻找，你终能显现优势并有一番成就，就像鹿儿的飞毛腿、刘邦的弱势带来优势的人才库。

E医师绝对够聪明，可是他的几个理财产品都买得很不聪明，包括看似简单的保险产品。东一个错误、西一个错误，加起来就是很大的错误，你认为问题出在哪里呢？

第十一封信。

同样是蛋，鸡蛋和鸭蛋孵化成形的时间是不一样的。同样是理财，投资和投机的做法、目的、结果也都大不同。一个理论和实际结合的知识，才是有用的知识。学习是需要理论的指引，但更需要实践中的验证，只有理论没有实做的训练，印象不深刻，也不知道问题会出在哪里。学校大多欠缺实践机会，学生长期都是单方向地接收知识，没有把那个单向的知识转换成经营所强调的整体面。

理财的能力是一生都需要的，学校的教育却很少教导我们这些。E医师的几个理财错误，几乎要用后半生辛苦的工作甚至过劳的代价来偿还。理财的观念和教育可以用很少的时间建立。医师读了7年医学院，有几十年的临床经验，竟然只因欠缺理财投资的正确观念，让前面专业努力的成果显得如此脆弱！你现在觉得理财教育重要吗？

第十二封信。

“龟兔赛跑”的故事，没想到乌龟又赢了？E医师忘了这个教训，那你会忘记吗？

十次车祸九次快，车速过快是主要原因，因为掌控不易。同样地，在投资世界中也存在这种现象。致富的道理其实就像“龟兔赛跑”，很慢但很稳定成长地累积总报酬，经常好过快但不稳定的投资，因为只要一个中断或重挫，就像碰上跳崖，原本积累的雪球就砸碎了。所以，还是从平缓坡度经年累月滚下来的雪球，是扎扎实实的大雪球。

例如，截至2014年8月，过去10年投资报酬是1倍，年均复利大约是8.97%（也就是说，过去10年几乎每年成长8.97%），过去20年成长了6倍，相当于年均复利9.5%。过去30年成长23倍，你猜需要的年均报酬率是多少？答案是只需要10.25%。也就是说，长期且稳定的10%投资报酬，就可以滚出惊人的大雪球。

E医师如果一开始知道是这样的结果，他就会了解，当初没有必要去冒那么大的风险。所以知识是力量，也是财富！但如果只是知道，却无法克服贪念，那就应该牢记人生金斧头和银斧头的故事，不要落得不诚实樵夫的下场。投资，不管是用指数型基金ETF的被动操作还是积极型的主动选股，诚实且合理的投资报酬是小心驶得万年船、远离灾难的保护之道。

第十三封信。

《亿万身价秘书的秘密》又透露出什么样的致富秘密呢？

主动投资型的操作如果方法正确，一旦成功，所创造的成果是相当惊人的。而格雷斯秘书能成功的两个最主要关键就是：一、守在她的能力圈之内；二、利用一个平缓坡度持续不断成长的医药产业，滚出一个惊人的财富大雪球。对有心学习主动投资的人，这是一个重要且很好的学习范例或启发。当然，如果还能活用财务报表的判读，以及找出企业的真实价值或内含价值，那么这投资的胜算就更大了，但这需要大量的阅读、研究、分析和财务报表判读的学习，还要考虑到投资大师彼得·林奇第一个也是最重要的提问："我的个性能够让我成功吗？"

个性的不适合，在我看来，是多数投资者失败的主因，而不是聪明与否。一如池边的小鹿要学习"认识自己"，这是想主动操作的管理者该思考的，千万不要只被高报酬吸引。除了个性适合以外，这还需要大量的时间和经验去换取。

第十四封信。

三位小矮人，Love（爱）先生、Success（成功）先生和Wealth（财富）先生，你最喜欢哪一位？为什么？你的爱能发自内心吗？就像海莉女孩成立她的农庄那样，不只是一做就是4年，她真诚用心的投入也是她感动许多人参与她的理想的主因之一。

“爱长驻于心中，那是真正财富的种子，它会为你开枝散叶，结出许多不同财富的果实。虽然犹太人对金钱的使用十分谨慎，但是对于慈善捐款等行为相当热心。在犹太文化中，你能够施舍多少钱就代表有多么富有，对他们来讲，做慈善并不是基于爱心和可怜弱势，而是一种社会正义的义务。”赚钱是本事，花钱则需要智慧，特别是把钱花在刀口上，不只自己开心，还要让很多人受益。这是一个不简单的挑战，希望早日你也有这种快乐的头痛问题。

第十五封信。

“千里之行，始于足下，要追寻远方的梦想，就从迈出脚下的第一步开始。老美说：‘talk is cheap.’空谈是很廉价的，所以行动吧！”

回顾与总结

经验是用无限代价买来的宝石（失败经验的学习）。如果可以从头开始，E医师应该了解富爸爸和穷爸爸的差别，不是收入的高低，而是谁先有了理财的分身，可以靠投资的收益取代劳力的收入。高收入是不完全可靠的，所以从小就应该让家庭的所有成员了解并养成习惯。不需要像有亿万身价的格雷斯秘书那样刻苦勤俭，但生活开支要量入为出，特别是家里的每一个成员，成年后都要为自己的财务负责，但小时候自我负责的习惯没养成，长大后就难以矫正。

E医师是杰出的专业人士，却不了解理财投资也是一门专业，可以用很简单的方法达到不错的效果，也没有依靠专家。如果E医师事先做足功课，充分了解房地产的特性，并事先评估最坏状况时的腹案，有了防守性的保护，其房地产的亏损应不至于如此严重。至于股票投资，应该避免个别股票，因为那需要大量分析，除非自己非常熟悉那个领域，否则应该借助代表整个市场的指数型基金，有参与经济的成长，但能大幅减少投资的风险。

既然错误已发生，还是要亡羊补牢。所幸E医师还是有一个不错的优势——收入高，可以逐步弥补漏洞。但他必须注意身体健康，同时要借助有信誉实力及可靠的专家，增加投资上的效益。

理财不外乎是开源和节流。E医师每天11个小时以上的工作量，开源已经达到尽头，但是在节流方面，个人虽节俭，但由于家庭成员的金钱观和人生观不同，支出始终降不下来，对E医师来说这是一个重大负担。他家里各项开支的漏洞要优先采取行动堵起来，止血更有助于债务的清还，也才有余力参与投资。投资的稳健和成功，更会形成良性循环，让他尽早脱离困境，并迈向财务自由。他要对现金流进行管控和节流，再将这些节流投入稳健的投资账户。因此，“行动”“节流”“稳健投资”是E医师目前重要的三部曲。

从E医师的办公室支出看来，他给员工的薪资福利比一般行情来得高，可见他有一定的爱心和社会企业责任感，这值得肯定和喝彩。比较让人不舍的是，他个人理财的失误，让其财务压力在一时之间还无法摆脱。但相信得道者多助，因为他为人不错，我也很关心，希望能用专业帮助他。不过他也要自助，E医师还是有他自己的功课要先完成。生命中的每个挫折、每个伤痛、每个打击都有它的意义，从来不跌倒不算光彩，每次跌倒后能再站起来，才是最大的荣耀。

祝福和期盼E医师能够早日脱离困境，并迈向财务自由。也希望他的故事能让大家学到一堂宝贵的理财课。空谈是很廉价的，行动是终结这些问题的开始和关键，所以行动吧！